凤凰师轩
FENGHUANG SHIXUAN
行知工程 Education
教育管理力系列

校长兵法

学校管理四十六计

XIAOZHANG BINGFA
XUEXIAO GUANLI SISHILIU JI

皮大鹏 编著

江苏教育出版社

图书在版编目（CIP）数据

校长兵法：学校管理四十六计/皮大鹏编著. —南京：江苏教育出版社，2014.5

ISBN 978-7-5499-3359-4

Ⅰ.①校… Ⅱ.①皮… Ⅲ.①小学—校长—学校管理 Ⅳ.①G627.1

中国版本图书馆 CIP 数据核字（2013）第 199680 号

书　　名　校长兵法：学校管理四十六计
作　　者　皮大鹏
责任编辑　午新生　雷利军　唐彩云
出版发行　凤凰出版传媒股份有限公司
　　　　　江苏教育出版社（南京市湖南路 1 号 A 楼　邮编 210009）
苏教网址　http：//www.1088.com.cn
照　　排　润星之源文化有限公司
印　　刷　三河市华润印刷有限公司
厂　　址　三河市杨庄镇杨庄村
开　　本　787 毫米×1092 毫米　1/16
印　　张　13.25
字　　数　191 千字
版　　次　2014 年 5 月第 1 版　2014 年 5 月第 1 次印刷
书　　号　ISBN 978-7-5499-3359-4
定　　价　30.00 元
网店地址　http：//jsfhjy.taobao.com
邮购电话　025-85406265，85400774　短信　02585420909
E - mail　jsep@vip.163.com
盗版举报　025-83658579

前　言

一

我从1994年于师范院校毕业后，受父亲的影响，一心只想教好书，梦想着做一个人人称赞的好教师，所以一直潜心研究教育理论，提升自己的教学水平，自己也从一名普通的农村村级小学教师成长为泗洪县学科带头人。也许是由于“教而优则仕”的原因吧，领导经过研究，于1996年把我提拔为教导主任，紧接着是副校长。后来，我临危受命，担任山河小学校长。为什么说是临危受命呢？那是因为当时山河小学的内、外环境都不是太好，甚至可以说是糟糕，经常有群众或学生家长到学校闹事。在我之前任职的所有的校长在山河小学工作最多两年，多数只工作一年就自己申请调离或者被地方群众赶走了。考虑到我是山河村人，估计工作起来会好一些，领导找我谈话，让我到山河小学任校长。在任校长期间，为了提升自己的管理水平，我便利用业余时间学习了两个本科专业的课程。当时出于多学习一点学校管理知识的考虑，我先学了教育管理专业。之所以还要学心理健康教育专业，是因为后来我发现学生学习太累了，而教师在平时教书育人的过程中也有职业懈怠感，如何能够在课堂上或平时的交往中减轻学生的学习压力与教师的教学压力是我思考的问题。在教育理论的指导下，我针对平时学校的一些管理事件，运用自己所学专业的知识进行分析，从而形成了自己的思考。

二

这本书中收录的文章，绝大多数都来源于管理一线。

由于自己是一位新任校长，我刚到山河小学的时候，开展各项工作都要考虑它的可行性与可持续性，所以我学会了边管理边思考，并且会将每一次的思考写下来。刚到山河小学报到的时候，校园内的道路都是用青石板铺成的，高低不平，学校内还有一个臭水塘，很容易发生安全事故。因此，我首先带领全体教师把臭水塘给填平了，然后布置花园，铺好水泥路。《上下同欲》《因地制宜》《假痴不癫》等文章就是这个时候对学校发展思考的成果。虽然我是山河村人，但偶尔还是有一些家长到学校找麻烦，对于这些家长，我边应付，边思考对策，于是也就形成了《通权达变》《以柔克刚》《夺气攻心》《声东击西》《以巧成事》《周密筹划》等一系列文章。当学校外部环境基本上稳定下来后，随着自己管理经验的不断积累，我管理学校的能力也有所提高。学校全体教师看到我化解了一个又一个家校矛盾后，对我也可以说是刮目相看了，但他们还是没有改变以前那种“做一天和尚撞一天钟”的工作态度。学校中的多数教师都是本村或者邻村的，年龄也都比我大，这使我不便对他们进行过于严格的管理。但是又不能放任这种情况继续下去，我必须为学校树立一个好的形象，来提高学校的知名度与美誉度，增强教师对学校的归属感与认同感，《正合奇胜》《恩威并施》《公正廉明》《沟通协调》《天人合一》《放权放手》《学会分享》《治人攻心》《不战而胜》《赏罚分明》《视卒如婴》等一系列文章就是在这个时候形成的。当学校教职工的工作态度转变、工作热情被激发出来后，我又重新思考了如何提升他们的素质的问题，于是又形成了《因敌制胜》《明修暗度》《以教素行》《顺手牵羊》《依查促进》《进德修业》《运筹帷幄》《因势利导》等文章。一开始，我对自己的文章也没有信心，所以把它们都存在自己的电脑里“睡大觉”。在一次偶然的机会，《现代教育报·校长周刊》就如何处理家长投诉问题向社会征稿，而我电脑里的《以巧成事》这篇文章正好符合他们的征稿要求，所以我就把这篇文章整理一下后寄了出去，没想到竟然被刊用了。从那以后，我就陆续把自己的这些管理心得整理好，慢慢地向外投稿，没想到这些稿件因为来自于实践，用编辑的话来说，是最真实的，是非常有借鉴意义的，所以刊用率非常高。从 2006 年到 2010 年，我陆续在《中国教师报》《现代教育报》《中小学校长》《教书育人·校长参考》《河北教育》《江苏教育》《四川教育》《中小学管理》等省级以上报刊发表管理文章近百篇。

三

这本书中所选的管理案例有的是已经发表过的，有的是还没有发表的，这些文章在以前只是以管理随笔的形式呈现在读者面前，现在在这里，我为什么将学校管理与兵法联系起来阐述呢？其中有两方面的原因。其一，我的父亲是一直在山河小学任教的老民办教师。我到山河小学上任的第一天中午，在回家吃饭的时候，父亲对我说："要想把山河小学管理好，硬的不行，软的也不行，你得用策略。管理学校与带兵打仗是一样的道理，你可以把学校的教职工假想成你手下的兵，而你就是他们的将领。想要带领他们走得更远，你可以好好学习一下兵法，用兵法的思想来管理学校，你就一定会在管理过程中开阔眼界。"我听了父亲的话，买了一本《孙子兵法与三十六计》回家，晚上便开始了阅读。我本来是想从中借鉴一些管理思想与策略的，没想到兵法中所蕴含的却是我们学校管理中必不可少的思想。而后我又陆续读了《墨子兵法》《鬼谷子》《曾国藩兵法》等一系列兵法书籍，从中也悟出了管理学校的思想。校长光有好的愿景是不行的，还得有好的管理策略来引导教师达到这种愿景。否则，非但达不到我们的管理目标，有时候还会起到相反的作用，与自己的管理愿景背道而驰，稍有不慎就会造成满盘皆输的局面。其二，我所写的管理文章都或多或少地渗透着兵法的思想，所以就以《校长兵法：学校管理四十六计》为书名了。

虽然书名为《校长兵法：学校管理四十六计》，但是贯穿这本书的思想主线却是情。情最能打动人心，情也最能促进教师努力，情还可以激发他们努力把事做完美的渴望，所以校长要学会以情感人。本书中所有文章的主体线索就是我们校长要学会用情，要用真情来感化我们的教职工。只有这样，教职工的工作动力才能够持久。有的人说书名中最好不要有"兵法"这样的字眼，他们认为教师看了后会感觉校长是在对他们用计，从而疏远校长。但我的理解是，"兵法"只是这本书披着的外衣，文章中所讲述的内容无不充满着真情，所以我认为只要读了这本书，那么读后的感受不应该是校长如何对教师用计，而是校长如何对教师用情。如果读者都能这样想，我也就没有必要为书名而焦虑了。

兵法是死的，人是活的，本书中所列的管理案例只能起到一个借鉴的作用，并不是说书中的管理思想适用于任何一个学校，任何一个教师或任何一个管理案例。“橘生淮南则为橘，生于淮北则为枳。”最后衷心祝福每一位阅读这本书的人，并祈盼这本书能对大家有所帮助。

皮大鹏

目 录

Contents

夺气攻心

——把握心理变化，处理突发事件

《孙子兵法·军争》中说："三军可夺气，将军可夺心。"这句话说的是，对于敌人的军队，可以使其士气衰竭；对于敌人的将领，可以使其决心动摇。

"夺气攻心"是孙子心理战的基本战法之一。李靖曰："攻者，不止攻其城、击其阵而已，必有攻其心之术焉。"李筌曰："夺气，夺其锐勇。"何氏曰："先须己心能固，然后可以夺敌将之心。"张预曰："故善制敌者，挠之而使众，激之而使惑，迫之而使惧，故彼之心谋，可以夺也。"著名心理学家弗洛伊德说："当人受到连续不断的应激反应的作用，并感到自己的安宁受到威胁时，他的'我'（自我）便充满了非常明显的紧张焦虑。"可见，没"力"光有"气"不一定能赢，有"力"而缺"气"，则也有可能会输。

所谓"气"，指士气，即士兵的战斗意志和同仇敌忾的气势。士气是构成军队战斗力的重要精神因素，士气的高低直接影响着战争的胜负。战士之所以能冲锋陷阵而不怕死，乃是高昂的士气所致。只有设法"夺其气"，使敌人怯于战斗，才可挫败敌人。所谓"心"，主要指指挥员的战斗决心和拼搏毅力，它们是将帅指挥战争的精神支柱。军队的整齐与混乱、英勇与怯弱，在很大程度上都取决于将帅的决心和信心。一旦将帅的决心发生动摇，就有可能导致战争失败。在中国历史上，四面楚歌败项羽是"三军可夺气"的典型战例；诸葛亮七擒孟获是"将军可夺心”的典型战例。诸葛亮认为：“用兵之道，攻心为上，攻城为下；心战为上，兵战为下。”多次战争实践证明，“以治待乱，以静待哗”是稳定我军军心，动摇敌将决心的有效办法。

同样，“夺气攻心”也适用于学校管理。下面我所讲的管理案例发生在几年前。我们学校的许老师由于腿有残疾，没办法做过重的体力劳动。一天，村里安排村民清理“121省道”路边的杂草，并要求把沟边的坡铲平，而且把任务划分到每家每户。许老师的妻子在外地打工，孩子还小，家中没有人能出这份工。因此，许老师很发愁，想借点钱请人帮忙把土方任务给完成了。可许老师是合同教师，家中并不富裕。了解到这些情况后，我对他说：“没关系，明天是星期六，我们几位男老师在家也没事，就一块儿去给你帮忙。嫂子没在家，咱们干完活也不去你家吃饭，就在我家吃吧。”当时妻子与我在同一所学校教书，我们也都住在学校里，所以去我家吃饭比较方便。第二天，我们几位男老师去公路上干活，我妻子则到街上买好菜，准备好中午饭。

星期六中午，完成土方工程后，我们便回到我家一起吃饭。正在我们吃饭的时候，许老师村上的陈队长来到我家，说：“许老师承担的工程下午还要去返工，全村的每一户都要去按统一要求返一下工。”我当时出于客气，就留他下来一起吃饭，他也不客气地坐了下来，和我们一起吃饭、喝酒，没想到却发生了意料不到的事情。

当时和我们一起吃饭的一位教师姓陈，论起辈分来，他比陈队长还高两辈。于是，陈老师就卖起老来，让陈队长喊他老长辈。没想到，陈队长竟然开口骂了起来，陈老师也不相让，我们几个人是好说歹说也劝不住，当时的气氛非常尴尬。

后来，我让其他几位教师把陈老师拉走，到他宿舍去劝说，而我把陈队长拉到学校外面劝说。陈队长说：“校长，没你的事，我也非常感谢你能帮我们村的许老师把工程做完，但是那个陈某某（由于语言太粗俗了，只能用“某某”来代替了）我一定要揍，不然他还不知道我是谁了。”我当时就说：“不行，你不能在我们学校里闹事，如果你在我们学校闹事，我第一个不同意。”他说：“没你的事，你也不要多管闲事。”说完，他对着学校门口前面的路上去返工的村民吆喝，要他们一起来打陈老师。因为他是村里的领导，村民们还都挺听他的话，马上聚集在学校门口，嚷嚷着要到学校找陈老师打架。眼看事情越闹越大，我心里想：看来劝说已经没有用了，如果再不及时制止的话，真的有可能会出事。农民中懂法的人不多，很多时候处理问题就是靠拳头。于是，我当机立断，往学校大门中间一站，大声说道："我看你们哪一个敢在学校里闹事，如果实在想打架，先过我这一关。”这些人一听我这么大的声音，一下子停了下来，都看着我。而我继续大声说：“你陈队长也真是的，按辈分你就比人家小，为什么你还觉得委屈？你在学校里把人家骂成那样，我都是忍着的，因为我不想把事情闹大。如果你真想带头闹事，我来陪你，我现在就拨打110。”说着，我真的把手机掏出来，做出要打电话的动作。这时候，陈队长说：“你打110我们也不怕，反正是他不对在先，如果他不卖老的话，我们也不可能去揍他的。我们也知道学校是教育人的地方，是不能打架的，现在我们就守在大门口，等他陈某某出来后我们再打。”我看到事情有了转机，就接着说：“在学校外面也不能打！我是这所学校的校长，你打我们学校的老师，我是绝对不会同意的。你们也说说看，就这么点事，就想打架。我好酒好菜地招待你，你却不给我面子。你不给我面子，我也不给你面子，今天我还就不让你动我们学校的老师，你动他一根手指头我都不会让你的。”大家听我的语气这么强硬，也不再坚持要进学校打人了。我心里想：原来你们也是怕事的。看来我还得采用攻心战术，一定要用气势压倒对方。如果不这样，村民就在学校大门口这样耗着，我们也没办法做事了。还得让村民尽早散去。于是我接着说：“如果你们再不散去，我就会以你们想聚众闹事为由报警，到时候你们到派出所跟民警解释吧。”说着，我又做出准备打电话的动作。这时，陈队长的心理防线已经被我基本上瓦解了。他说：“不打他也行，你必须让他出来给我道歉。”我心中想：看来，你们也不经吓，转机已经来了。我说：“道歉也不行，事实就是你比人家辈分小，如果你还抓着人家说的话不放的话，那说明你也不是什么好人。天下姓陈的本是一家，你不叫人家老长辈也就算了，还把人家骂得狗血喷头，你这样做对吗？大家也都来评评这个理。从这件事也可以看出来你在家也不尊重老人。”

这时，人群中有人说：“算了吧，还是去返工重要，毕竟人家老师也没说错，都不是太远的人，人家的辈分本来就比你长，反正也被你骂过了，就两清了吧。”陈队长听到我与大伙儿都这么说，感觉事情也就只能这样了，想要点威风看来也不行了，但是嘴上还是没有软下来，他说：“今天我就看你校长的面子，饶他一次。下次如果他还敢与我比辈分，我非揍他不可。”我知道这是他在给自己找台阶下，心里想：算了，也就让你顺着这个台阶下吧。于是，我说：“行，下次他绝对不会再与你论辈分了。大伙儿还是去工地吧，在这儿站着，工程也不能自己完工。”大伙儿听了我这句话，也就慢慢散开了。

在宿舍里的几位教师，听到我圆满地解决了问题，都不约而同地竖起了大拇指。

管理心得

《孙子兵法》中曾谈到：“其疾如风，其徐如林，侵掠如火，不动如山，难知如阴，动如雷震。掠乡分众，廓地分利，悬权而动。先知迂直之计者胜，此军争之法也。”说的是军队行动迅速时就像疾风骤起，行动舒缓时就像林木森然有序，攻击敌人时如同烈火一样威猛，进行防御时像山峦一样坚固，隐蔽时像浓云遮蔽日月，作战时表现出雷霆之威。掳掠敌人的乡邑，分兵扼守要地，拓展自己的疆土，都要权衡利害关系，然后伺机而动。事先懂得正确运用变迁远为近直策略的将帅就容易获得胜利，这是军事斗争应该遵循的基本原则。在学校管理中，我们也要分清形势，善于根据学校的各种情况与人员的心理变化，适时调整自己的应对策略。如果事情发生了变化，那么我们也要摒弃原有的计划。要学会先瓦解对方的心理防线，然后再把握主要人物的心理特点，这样事情就会沿着我们预设的轨道发展。

同时，我们要尽可能地保护教师，让他们在学校里有安全感。只有当教师有了安全感后，他们才能安心、尽心地投入工作。当教师与外人发生冲突时，即使是教师做得不对，校长也不能当着外人的面批评教师，反而要帮助教师平息事故。只有这样，才能让教师信服你、感谢你，从而更加尽心尽力地工作。

以柔克刚

——以柔性管理打造和谐校园

《孙子兵法·军形》中说：“昔之善战者，先为不可胜，以待敌之可胜。不可胜在己，可胜在敌。故善战者，能为不可胜，不能使敌之必可胜。”意思就是，从前善于用兵打仗的人，先要做到不被敌方战胜，然后捕捉时机战胜敌人。能不被敌人战胜的主动权掌握在自己手中，而能否战胜敌人，则取决于敌人是否给我们以可乘之机。因此，善于作战的人，只能够使自己不被战胜，而不能使敌人一定会被我军战胜。这些兵法中所体现的就是“以柔克刚”的思想。“以柔克刚”是事物相生、相克之法，能一物降一物，也是一种高超的斗争谋略。

将“以柔克刚”的兵法思想运用到我们的学校管理中，就是当我们学校或教师在工作过程中出现了失误，而这个失误又被好事的家长抓住的时候，我们千万不可硬碰硬，而要用灵活的方式来处理，先要让对方没有可乘之机，然后再寻找对策来化解矛盾或误解。

一个星期三的早上，我像往常一样，骑着摩托车去上班。在路上，我看到村里的一位妇女骑着自行车正往镇上赶，并且带着满脸的怒气，我停下车子准备和她打个招呼。没想到她第一句话就说：“我要到教育局告你们去。”我一听，头就大了。“你告我们什么呀，能先和我说一说吗?”我开门见山地对她说。她说：“不是告你，是告你们学校的杨老师。她昨天在学校打我们家的小孩，我们家小孩到现在头还疼着呢。”我一听，头更大了。我在学校三番五次强调，教师不能体罚或变相体罚学生，为什么还会出现这种情况呢？可是，我转念一想，应该不会呀，因为昨天我在学校根本没听说过这事，还是先稳住家长再说吧，如果真的闹到教育局，事情就不好收场了。于是我对她说：“这件事情你还是交给我来处理吧，毕竟我是这所学校的校长，如果你真的闹到教育局，我这个做校长的也不好交代呀。你看，我们还是从小一起玩到大的呢！”听我这样说，这位家长说：“也行，就看在你是我们本地人的份上，我先让你来处理，必须让她带我们家小孩去检查，来我们家赔礼道歉。”我当时就说：“好，等我到学校把事情弄清楚，如果真像你说的那样，一定按你的要求来办。”就这样，我把这位家长给劝回去了。

来到学校，我找到杨老师，与她交流这件事。杨老师当时就急了，说：“没有的事，我根本没打她家小孩呀！”我说：“你再仔细想一想。”杨老师说：“她家小孩一连几天都没做作业，昨天我找到她，想让她把作业补上。结果，这孩子一脸不情愿的样子，根本不理我。于是，我就用手指着她的脑袋说：‘如果你不把作业写完，我就告诉你家长。’我就用手指轻轻敲了她的额头两下，根本没打呀。况且，你三令五申不允许体罚学生，我怎么会打她呢？”看到杨老师一脸委屈的样子，我说：“就是你那轻轻的几下把人家给惹恼了，人家要到教育局去告你，被我拦了回去，你看如何处理这件事呀？”我正说着，两个科任教师来到我身边，说：“校长，你也不能听信一面之词。你不知道她家的孩子有多难管，不做作业不说，还经常捣乱，不让其他学生学习。而且，这个家长非常护短，稍有不如意就来学校闹。如果是我们教师对她家孩子‘不好’，她就来与我们教师闹；如果是学生与她家孩子闹矛盾，她就找人家孩子的麻烦。有一次，她甚至动手打了人家的孩子。本来人家孩子没有做错，她来到学校后，却把责任全都推到人家孩子的身上。她家的孩子我们根本没办法教。她仗着她家有一个亲戚在教育局工作，就猖狂得不得了。这一次你一定要为我们做主，要不然以后我们根本就不能管学生了。如果其他家长都像她这样，我们在学校还怎么教书育人？”听了这两位教师的“激情表白”，我心里想：看来这件事不能按家长的要求来处理，如果这样，不仅对教师不公平，我这个做校长的在教师心目中的地位也会大大下降。于是我说：“好了，没你们事了，这一次我一定为你们做主，去教育教育这位家长，这样也能引起其他家长的注意。”这时，几位教师对我说：“这才像我们的校长，一个能为我们做主的好校长。”

送走了几位教师，我坐下来，考虑这件事情该如何处理。面对这样难缠的家长，如果处理不好，她真的会把事情闹大。她家小孩喊头疼，估计医院的仪器也检查不出原因。即使小孩头不疼，家长让她说自己头疼，我们也没办法，毕竟我们的教师用手指敲了人家的头。我想了一会儿，觉得可以用“以柔克刚”的办法试试。

我先来到村子里，问了一下她的邻居这个小孩现在怎么样了。她的邻居说：“什么事也没有呀，刚才还在门口玩着呢，根本没有头疼的事。”我一听，就知道这个学生家长是想以此事来要挟学校。我当时就想：你这样做事，我非让你来学校给杨老师赔不是。于是，我就向她的邻居谈起她家孩子在学校的表现，并问他们：“如果你家孩子不做作业，老师能不能批评呀?”他们一齐说：“别说批评了，你打都行。学生不做作业，将来还能有什么出息呀!”我说：“就是呀！但是她的孩子就是不做作业，她还不让学校老师批评孩子，你们说这怎么处理呢?”我正说着，孩子的爷爷走了过来。于是，我走上前对他说：“表叔，您的孙女我们学校不管了，她母亲老是找学校的麻烦，您说我们该怎么管呢?”（因为按照老家的习俗，年长的如果不是近亲，我们一般都喊表叔）学生的爷爷听我这么一说就急了，说：“为什么不管呀？你们学校不管，那我孙女将来还能上好学吗?”我就把事情的来龙去脉对他说了一遍，没想到这位老人还是蛮通情达理的，他说：“我去找孩子母亲，哪能这样呀！学校就是教育学生的地方，我们把孩子送到学校上学就是让学校管理的，如果连不做作业都不能管，那将来还能有什么出息。”他说话的声音越来越高。这时，孩子母亲听到外面人说的话，就出来说：“谁说我不让学校管了？管孩子也不能打孩子呀！现在我家孩子被他们打伤了，头还晕呢，如果打成脑震荡，我看你们学校怎么办。”我一看学生母亲的态度还是这样蛮横，便继续笑着说：“你也不要这么大声呀，咱们都是乡里乡亲的。”我走到她家门口，把学生叫了出来，轻轻地摸着她的头说：“你哪儿不舒服，为什么不去上学呀?”接下来学生的回答让我对事情有了清楚的了解。她说：“我成绩差，不想去学校，所以就谎称杨老师打了我。我头一点都不疼，是我妈妈说想到教育局告你们，就让我说自己头疼。”我说：“好了，成绩不好没关系，我可以让你的老师课后给你补习，多帮着你一点，这样，你的成绩不就能上去了吗？赶紧去上学吧。”学生走后，我转身对她母亲说：“孩子是不会撒谎的吧？你看你把这件事情弄成这样，我到学校还把杨老师狠狠地批评了一通，结果还批评错了。现在，几个老师听说你这样，都不愿意教你的孩子了，因为担心你哪天再到教育局告他们。”这时，学生的母亲低下了头，但是嘴里还是坚持说：“不管就不管，你们学校不管我家孩子也无所谓，树大自然直。”这时，学生的父亲也从外面回到家。一听说这事，他就来气了，对孩子母亲说：“你赶紧去给人家老师道歉，孩子送到学校就是给老师管的，人家不管你管呀，你大字不识一个……”没想到学生的母亲还是说：“反正我不去道歉，你愿意去你去。”虽然我已经占理了，但是我不想把事情闹大，就说：“道歉就没必要了，我们老师的素质还是很高的，不会与你们计较的。你们夫妻一起跟我到学校，与孩子的老师交流一下就行了，毕竟都是为了孩子好。”听了我的话，学生父亲说：“好的，我和孩子母亲一起去。表弟，你放心，绝对不会给你添麻烦的。”孩子母亲见这种情形，也没再说什么……

回到学校，我对杨老师说：“学生父母马上来向你赔礼道歉，你也就不要再放在心上了。”杨老师理解地点了点头。就这样，一场差点闹到教育局的误会被我用“以柔克刚”的策略化解了。运用“以柔克刚”的谋略来管理学校，关键要做到三点：第一，能争得舆论的同情、支持；第二，能赢得时间，变被动为主动；第三，能逐渐挫败对手的锐气，达到后发制人的目的。

孔子弘扬的主要是刚健有为、自强不息的阳刚精神，而老子则主要继承了无为不争、以柔克刚的阴柔思想。老子主张“柔弱胜刚强”，并认为“天下莫柔弱于水，而攻坚强者莫之能胜”。世间没有比水更柔弱的东西了，然而水滴石穿，水能攻击最强硬的东西。后来的《黄石公三略》也强调刚柔相济的原则，认为在用兵上应该“柔有所设，刚有所施，弱有所用，强有所加”。可见，“以柔克刚”的管理思想不单单可以运用在处理与家长的矛盾方面，也可以运用在学校管理的其他方面。

管理心得

老子《道德经》中说：“柔之胜刚也，弱之胜强也，天下莫不知，莫能行。”柔是基础，弱是奋发的前提，柔、弱能胜刚、强。一个呵护人性、崇尚人文关怀的校长就一定要会在别人面前示弱、示柔。因此，我们做校长的不要自以为是，不要处处以强者的身份来让他人臣服于自己。有时候，用“柔弱”的策略来管理学校，也会起到很好的效果，因为这样可以让人更好地接受他（她）不想接受的事情，也可以更好地打动人心。

声东击西

——加强家校联系，共同管理学生

《百战奇略·声战》中说："凡战，所谓声者，张虚声也。声东而击西，声彼而击此，使敌人不知其所备。则我所攻者，乃敌人所不守也。"意思就是，凡是作战，所谓"声"，就是虚张声势。在东边造声势，而袭击的目标是西面，声在另一处，而袭击此处，让敌人不知道如何来防备。这样我所攻击的地方，正是敌人没有防备的地方。

"声东击西"是元末明初著名军事家刘基在《百战奇略·声战》中阐述的一个作战原理，其目的就是要营造攻打东边的声势，实际上却攻打西边，使对方产生错觉，以出奇制胜。它最早出自于《太公六韬·兵道》："欲其西，袭其东。"《三十六计》中也有"声东击西"的作战思想："敌志乱萃，不虞。坤下兑上之象，利其不自主而取之。"这里运用"坤下兑上"之卦象的象理，喻"敌志乱萃"而造成错失丛杂、危机四伏的处境，使敌人陷入神志慌乱、意志混沌的状况，对所发生的事情难以正确判断和应付。这是《易经·萃卦》所说的混乱溃败的征兆。我方则要抓住敌人这不能自控的混乱之势，灵活机动地运用时东时西，似打似离，不攻而示之以攻，欲攻而又示之以不攻等战术，进一步造成敌人的错觉，出其不意地一举夺胜。

声东击西是忽东忽西，即打即离，制造假象，引诱敌人作出错误判断，然后乘机歼敌的策略。为使敌方指挥混乱，必须采用灵活机动的行动，本不打算进攻甲地，却佯装进攻；本来决定进攻乙地，却不显出任何进攻的迹象。似可为而不为，似不可为而为之，敌方就无法推知我方意图，从而作出错误判断。

记得下面这起管理事件发生在2004年5月。当时，我刚到学校，六年级的班主任就来找我，说他们班的陈辉已经三天没来上学了，陈辉的家中没有电话，也没办法联系他的家长，问我怎么办。我心里想：你这位老师呀，班里的学生三天没来上课了，你还不知道是怎么回事，你这个班主任真的是失职了。但是看到她焦急的样子，我也不忍心批评她，毕竟她还是一名刚毕业的年轻女班主任，脸皮薄，心理承受能力也不是很强。虽然她的工作热情确实很高，但是没有处理突发问题的经验。于是，我耐心地问："这位学生为什么三天都没来上课呀?"她对我说："他经常欺负同学，作业也不做，上课还捣乱。我就批评了他几句，并让他第二天把家长叫来学校。第二天他的家长没来学校，这个学生也没来。现在已经三天了，校长，你说会不会出什么事呀?"我说："你呀你，出了这么大的事，你现在才来找我，你家访了吗？没有吧？如果这个学生有什么意外，我看你怎么处理。如果家长找到学校，我们该如何应对呢?"当时我的气就不打一处来，但是看她一脸焦急的样子和懊悔的表情，我想她也知道自己做错了。毕竟是年轻的教师，还是以她的成长为主吧，不能严厉批评，以免她因此而产生负面情绪。因此，为了消除她的恐惧心理，我笑着说："没事，下午我和你一起到他家看看吧。"她听到我就轻描淡写的一句话，心情这才放松下来。

下午，我和这位教师一起去陈辉家。在路上，我对这位教师说："如果陈辉的父母知道你批评他们家孩子的事，而且孩子三天没上学，你也没与他们联系，一定会发火的。所以你要做好心理准备，不能与人家硬顶撞，毕竟是我们失误在前，到时你就看我的吧。"这位年轻教师直点头，说一定一定。到了陈辉家，当时他的父母亲都在家，唯独陈辉没有在家。我当时的第一个反应就是陈辉这三天肯定逃学了，家里人认为他去上学，而学校却认为他在家中。于是，一阵寒暄过后，我直入主题，与陈辉的家长聊起陈辉的学习情况。当然，我是委婉地把陈辉在学校的表现说给他们听，并把班主任的班级管理日志拿给他们看。当看到自己的孩子经常出问题时，陈辉的父亲握着我的手，一个劲儿地说对不起，孩子给学校和老师添麻烦了。看着他一脸的真诚，我又换了话题，与他聊起了以后如何对陈辉实施家庭教育的问题，让他与我们学校配合，共同教育好孩子。听了我们的话，他的父母热泪盈眶，并对我表态，以后一定要多关心自己的孩子，争取让他做一个好孩子。看到时机已经成熟了，我的话题又一转，说："你们的孩子为什么这几天都没上学呀？你们是不是不想让他上学，安排他做其他事了？"陈辉的父亲说："不会的，他天天吃过饭就去上学了，我没安排他干什么，虽然我不识字，但是我还是知道培养孩子的道理的。"我说："陈辉真的已经三天没来上学了，我们以为是家中有事，所以他才没去上学的。没想到你们家中没事呀，看来以后我们得经常联系了。但是你们家离学校有20里路，我们也不方便经常来家访，你们家中又没有电话，大家怎么联系呀？"陈辉的父亲立刻把他们邻居家的电话号码告诉了我，并对我说："如果陈辉以后再在学校捣蛋，你就打这个电话告诉我一声，我非狠狠治治他不可。"看到他没有一丝埋怨学校的意思，我就紧接着说："那你想一想，陈辉会到哪儿去呢？你们认为他天天去学校了，而学校见不着他的人影，老师认为他在家呢，这样的事希望以后不要再出现了。"我的语气慢慢变硬了。他的父亲听我这么一说，就说："可能在东面大河堆上，因为天天有人在那儿放羊、放牛，他肯定到河堆上与那些人玩了，没去上学。"听了陈辉父亲的话，我心里的一块石头才落地。因为我从他父亲的话语中得知，陈辉每天都会准时回家吃饭，那说明他没出事，而且能找到他的下落。于是我就说："那我们就赶紧去找吧。"我们急匆匆地赶到河堆上，陈辉的班主任远远地就看到陈辉正和几个放牛、放羊的人在一起打扑克，班主任小声地对我说："校长，没事了，我已经看到陈辉了。"我们来到陈辉的身边，他一看到校长、父亲、班主任都来了，知道自己这一次肯定躲不过去了，低着头在那儿一声不吭。我快步走到陈辉的身边，用手轻轻地摸着他的头，问他："是放羊好还是学习好呀？"他说："学习好。"我说："既然学习好，那就跟校长与老师一起到学校学习，以后不允许再逃学了。"陈辉看到我没有批评他，也就乖乖地跟我回学校了。

回到学校，为了防止他下次再逃学，我把陈辉叫到办公室，让他对自己作一个评价。这种“批评”是他从来没遇到过的。以前他面对的都是教师的严厉批评，教师从来没有让他自己说过话。今天我让他说，其实是想达到我自己真正的教育目的。因为我如果要求他以后不要再逃学，要好好学习的话，势必会增强他的逆反心理。今天我让他自己来表决心，他也敞开了心扉对我说：“我知道我不是一个好学生，给老师增加了烦恼。其实，我也想好好学习，但是什么都不会，怎么学呀？我有时也想好好听课，但是当听不懂时，我也就管不住自己了，总想搞点动作以引起别人的注意。”听了他的话，我觉得他还想学习，还有救。于是我对他说：“只要你认真学习，课堂上不捣乱，不会的就问老师，如果不想问老师，就来问我，我绝对会细心辅导你的，这样期末你就一定能考好。”他半信半疑地对我说：“您能天天有时间吗？您那么忙，怎么有时间辅导我呀？”我说：“没事，只要是你找我问题目，我的其他事就全部是小事了。”他高兴地对我说：“那好吧，到时您可不要食言。”看着他那坚定的样子，我心里想：我食言？我就担心你不能持久。于是我对他说：“只要我在学校，你随时都可以来问，我能做到，那你能做到吗？我不食言，你别到时食言了。”他坚定地对我说：“不可能，男子汉大丈夫，说到做到，决不食言。”我顺势对他说：“我们都是男人，一定要说到做到，决不食言。”

随后的一段时间，他真的经常来找我，我也总是耐心地辅导他。虽然有几次我能明显感觉到他有点想退出了，但是经过我的鼓励，他又满怀信心地坚持下来了。在以后的日子里，我也经常与他的班主任、任课教师交流，让他们多给他机会，多鼓励他。就这样，一个学期后，他的平均成绩达到了70.5分，他也从一个爱捣蛋的学生变成一个爱学习的学生了。

管理心得

将“声东击西”的战略运用到学校管理中，不但可以扰乱对方的战略部署，还可以消耗对方的精神。但是，运用“声东击西”的管理策略必须保证自己不慌乱。如果自己都乱了阵脚，那就会成为天大的笑话的。同时，我们要用发展的眼光来看学生，为学生搭建广阔的展示平台。学生的能力如空气，既可以把它压缩在教室里，也可以使之充满整个宇宙，你给他们多大的舞台，他们就可以展示多大的才能。

避锐击惰

——根据事实，巧妙化解矛盾

《孙子兵法·军争》中说："善用兵者，避其锐气，击其惰归，此治气者也。"意思就是，善于用兵打仗的人，总是先避开敌人初来时强大的气势，等到敌人士气懈怠、衰竭时才发动进攻，这是从气势方面用兵来战胜敌人的方法。

这里的"避其锐气，击其惰归"是《孙子兵法》中所说的一种掌握和运用士气变化来战胜敌人的方法。其实质上是说要根据敌人士气盛衰的变化规律，来选择与敌人决战的有利时机。在敌强我弱的情况下作战，对于初来时士气强盛的进攻之敌，应当避免与其立即决战，待其士气衰落时，便可出兵击败敌军。孙子提出的这条"避锐击惰"作战原则，历来为兵家所推崇，成为古代战争中在敌强我弱的情势下实施对敌作战的一条重要原则。《曹刿论战》中指出："夫战，勇气也。一鼓作气，再而衰，三而竭。彼竭我盈，故克之。"杜佑说："避其精锐之气，击其懈惰欲归，此理气者也。"梅尧臣曰："气盛勿击，衰懈易败。"张预曰："凡人之气，初来新至则勇锐，阵久人倦则衰。故善用兵者，当其锐盛，则坚守以避之，待其惰归，则出兵以击之。此所谓善治己之气，以夺人之气者也。"《百战奇法》中说："敌初来气锐，且当避之，伺其疲敝而击之，则胜。"这些古代的名家名作都谈到了"避锐击惰"的作战策略。一代伟人毛泽东将这一策略运用于红军反"围剿"斗争中，使红军表现出了极强的战斗力。他提出了"敌驻我扰，敌疲我打"

的作战策略，在根据地内不停地与敌人“兜圈子”，叫敌人抓不住，打不着。在红军前三次反“围剿”斗争中，毛泽东指挥红军用“盘旋式打圈子”的战术对付敌人，并屡战屡胜。避免在不利条件下与敌人决战，避其锐气，令其疲惫，然后伺机破敌，这是“避锐击惰”兵法的精髓所在。正如孙子所说：“少则能逃之，不若则能避之。”将敌人拖来拖去，始终掌握战争主动权，能“致人而不致于人”。

其实，“避锐击惰”的策略在很多时候也可以运用到学校管理中。比如，面对盛气凌人的家长或社会人士，我们就可以运用“避锐击惰”的策略来应付。

一个星期一的早上，我刚到学校大门外，就看到一些家长聚集在校园里议论纷纷，不知道出了什么事。到了办公室，我就听见几个人在大吵大嚷，但是也没听出什么头绪来。这时，一位老年人走到我面前说：“我孙女曹小环在学校里受到了意外伤害，现在正在泗洪人民医院住院，你是校长，你说如何处理？最让人气愤的是，孩子在你们学校受到伤害了，你们学校竟没有一个人把她送回家，也没通知家长。如果不是孩子夜里呕吐不停，我们还不知道呢！”他的情绪非常激动，他身后还站着几个年轻人。如何处理？当时，我心中也没了主意，因为我还不知道事情的起因与结果，也不能单凭家长的一面之词作出处理。但是看他们那气势汹汹、盛气凌人的样子，如果我处理不好，他们恐怕就会把事情闹大了，到时就不好收拾了。于是，我把这些人请到接待室内，给每人倒杯茶、发支烟，轻声地说：“这件事情我一定会处理好的，请你们相信我，我会给你们一个满意答复的。”见到我这亲和的样子，又是端茶又是递烟的，他们也不好意思再为难我了，就说：“只要你能给我们一个满意的答复，我们也不会为难你的，最起码你们学校得付医药费和我们的误工费。”我说：“事情是要处理解决的，不是靠争执就能解决，你们得等我把事情调查清楚了，然后再作出处理，是不是？”他们一听我的话，觉得也算在理，就说：“那好，我们等你的消息，处理不好我们还会来闹的，甚至会到上级去告你们。”说完，几个年轻人就走了，只留下学生的爷爷来与我谈。他说：“我孙女在学校旗杆底座上玩，从旗杆底座上摔了下来，现在直喊头疼，在县人民医院也检查不出什么结果来，所以你们学校要负责。”我说：“是的，如果真的是学校的责任，我一定不会推诿的。现在最要紧的是给你孙女好好检查和治疗，让我了解一下情况吧，明天给你答复。”他说：“好的，那我就再等你一天。”送走了曹小环的爷爷，我到办公室找到曹小环的班主任询问事情的经过。曹小环的班主任对我说：“上星期五下午课间的时候，曹小环与她伯父家的小妹一起在旗杆底座上转圈玩。后来，她小妹猛地推了她一把，把她从旗杆底座上推了下来。后来回到教室，其他同学说起这事，我就问曹小环有没有受伤，她说没有，所以我也没在意。放学后，她也没有异常反应，正常回家了。现在说出事了，一定是她晚上吃了什么不该吃的东西或夜里受凉造成的。”是呀，孩子从旗杆底座上摔下来，正常情况下是不会出现这么严重的后果的，但是人家把医院诊断证明都拿来了，那还有假吗？当时我的头就大了。明天他爷爷来学校，我得给他一个答复呀，弄不好真的会把事情闹大的，毕竟孩子是在学校里摔倒的。想来想去，我觉得与他硬碰硬不行，但是如果答应了他的要求，那以后再出现类似的情况，又该如何处理呀？看来我只能先“避其锐气”，然后寻找“战机”了。为了防止曹小环的家长歪曲事实，我让曹小环的班主任找来曹小环的小妹，问清了事情经过，然后把事情做了记录，并找来几个与她们一起玩的学生，做了一份谈话记录。

第二天，曹小环的爷爷来到学校，我还是客气地把他请到接待室，对他说：“昨天你走后，我到老师与学生当中了解了情况，这是曹小环的班主任与同学的谈话记录，你看是不是这样的情况？”他看了谈话记录，半天没说话，我知道他已经默认了这个事实。借此机会，我说：“既然你承认这个事实，我也不知道我们学校该负什么法律责任，毕竟我们不是专门做法律工作的。能否请你去咨询一下律师，看看这种情况我们学校到底该负多少责任。这样我们才好作出赔偿呀。”我在言谈中还是本着以退为进的策略。他说：“我们也不懂法律，我们就知道孩子是在你们学校受到伤害的，那就得你们学校赔。”我说：“是的，你不懂法律，我也不太懂，学校肯定有责任，但是责任有多少，也不能单凭我们俩来界定呀。你另外一个孙女得承担多少责任，也不好界定呀。既然事情的真相已经清楚了，你还是咨询一下律师吧，然后我们再来谈这件事。我还有课，你看，我也不能耽误了学生的课，你就在接待室里休息吧，我去上课了。”说完，我就走出接待室去上课了。等我上完课回来的时候，曹小环的爷爷已经不在学校了。我不知道他是真的去咨询律师，还是回家找人，或是到教育局告我去了。直到下午放学后也没见有人来，我的心里才隐隐感觉他可能真的去咨询律师了。因为如果回家找人或到教育局告我的话，我也早就能得到消息了。就这样，一天又过去了。

第三天，我找来曹小环的班主任，让他找到曹小环的伯父，谈谈孩子的事。他回来跟我说：“我和曹小环的伯父说明了情况。我让曹小环的伯父去和他爸爸谈谈，让他爸爸不要再来学校闹了。”我问：“曹小环伯父当时怎么说的呀?”曹小环的班主任说：“他说他会去找他爸爸，保证他爸爸不会再来学校闹的。”听了曹小环班主任的话，我悬着的心才稍微放了下来。就这样，第三天又过去了。

第四天，曹小环的爷爷又来到学校。一看到他来学校，我就又犯愁了，看来曹小环伯父没把他劝住，怎么办呀?但是，事情来了，就得处理呀。于是，我又把他请到接待室里，让他谈谈自己的想法。他说：“校长，你也不要给我兜圈子了，这个孩子的家庭非常困难，你说你们学校能赔多少钱吧。你给一句爽快的话，我也有事，不能天天来你们学校。”听了他的话，我知道事情的转机已经来了，就说：“孩子是在学校摔伤的，这说明我们的管理工作做得不到位，我们以后会加强管理。但是，这件事的主要责任确实不在学校，学校不能进行金钱赔偿，我不能开这个先河。你看这样好不好，现在，我们每一位在校学生都投了校园意外伤害险，等你孙女的伤治好了，我看看能不能帮你报点保险吧。”他说：“那好吧，就谢谢你了。”我说：“没关系，等曹小环出院后，你把发票与相关材料带来学校，我陪着你去报保险，你看如何呀?”他说：“好的，那就过几天再说吧。”

曹小环住院期间，我和曹小环的班主任带着礼物、水果等去看望了她。过了几天，曹小环出院了，我带着她爷爷去保险公司把保险给报了。就这样，一场危机被我用“避锐击惰”的办法化解了。

管理心得

孙子说：“以治待乱，以静待哗，此治心者也。以近待远，以佚（逸）待劳，以饱待饥，此治力者也。”用我方部队的严整来对付敌人的混乱，用我方部队的冷静来对付敌人的躁动，这是运用士兵心理变化的方法。用接近战场的部队迎击远道而来的敌人，用休整好的部队来对付疲于奔命的敌人，用粮饷充足的部队应对饥饿不堪的敌人，这是把握军队战斗力的方法。身为校长，我们在应付突发事件时，一定要做到冷静，摸清情况，弄清事实，把握好对方心理变化的情况，然后适时处理，就能大事化小，小事化了。这样，学校才能正常运转。

以巧成事

——加强家校沟通，合理处理家长投诉事件

《孙子兵法·九地》中说："故为兵之事，在于顺详敌之意，并敌一向，千里杀将，此谓巧能成事者也。"这句话说的是指挥作战时要谨慎地观察敌人的意图，集中兵力攻击敌人，千里奔袭，斩杀敌将，这就是通过巧妙用兵达到克敌制胜的道理。"以巧成事"是用兵作战的重要原则。

在法制越来越健全的今天，我们的学校管理也要做到"以巧成事"。如今，家长的法律意识日益增强，如果教师的行为失当，难免就会遭到家长的投诉。家长投诉的内容一般都是合理合法的，无理取闹的只在少数，如果处理不当，就会给学校的发展带来一定的影响。因此，学校要慎重对待家长的投诉。按兵法中所说的，要先摸清家长到学校投诉的意图，然后针对具体情况进行合情、合理、合法地处理，做到"以巧成事"。

首先，要稳住家长。当家长来学校对某一位教师进行投诉的时候，往往是带着一腔怒气来的，对于我们所有的解释，他们也许都听不进去。这个时候，我们不能乱，要稳。老子说："善为士者，不武；善战者，不怒；善胜敌者，不与；善用人者，为之下。是谓不争之德，是谓用人之力，是谓配天古之极。"这告诉我们：善于带兵打仗的将帅，不逞其勇武；善于打仗的人，不轻易被激怒；善于胜敌的人，不与敌人正面冲突；善于用人的人，甘居于人之下；这叫作不与人争的品德，这叫

作利用别人的力量，这叫作符合自然的道理，这是古来就有的最高准则。所以当家长来学校投诉的时候，我们一定要先稳住自己的阵脚，稳住家长。即使家长出言不逊，我们也不能针锋相对，不能与家长发生正面冲突，而应表示出自己的诚意与谦让。《孙子兵法·火攻》中也谈到“主不可以怒而兴师，将不可以愠而攻战。”这句话是说国君不能因一时的愤怒而发动战争，将帅不能因一时的气愤而出阵求战。在处理家长的投诉时，我们一旦“怒”上心头，就不能客观地分析、研究事件发生的原因与后果，容易主观臆断，以愤怒的情绪来看待事件，这样就会给学校的发展与管理带来影响。所以我们要先从家长的角度来思考问题，一定要先弄清投诉的原因。当家长的脾气发得差不多的时候，我们再用委婉的语气告诉家长，让家长相信学校一定会把事情处理好，一定会给家长一个满意的答复。在这个过程中，一定要注意避免把事态扩大。我们要用真心、真情来让家长接受我们的处理结果，耐心听取家长的意见，使家长对我们产生信任感。

其次，要查清真相。把当事人稳住之后，我们紧接着要做的事就是立即处理投诉事件。老子说：“其安易持，其未兆易谋；其脆易泮，其微易散。为之于未有，治之于未乱。”就是说当局面安定时容易保持和维护，事变没有出现迹象时容易图谋；事物脆弱时容易消解，事物细微时容易散失。做事情要在它尚未发生之前就处理妥当；治理国政要在祸乱没有产生以前就早做准备。当家长被稳住之后，我们应当及时组织人员进行调查核实，全面、客观地查清事情的真相，以便于作出正确的处理决定，维护当事人的合法权益。我们应了解事件的全过程，并且对于有可能发生的祸患给予特别注意，要坚决杜绝在以后的工作中再次出现这种情况。在调查过程中，我们不能听信一面之词，不但要调查矛盾双方当事人，还要向其他当事人进行核实，充分听取各方面的意见，以公正对待所有的当事人，使调查结果更具真实性、全面性。我们在调查过程中一定要细心，语气不能咄咄逼人，不能从保护学校利益的角度出发，而向家长发难。“慎终如始，则无败事。”在调查事件阶段，一定要充分发挥调查人员的智能，让他们在心理平静的自然状态下，耐心地去完成调查工作。

再次，要公正处理。当调查结果出来后，紧接着就是处理阶段。《道德经》第六十三章中的一段话也许能给我们的处理带来启示：“为无为，事无事，味无味……图难于其易，为大于其细；天下难事必作于易，天下大事必作于细。”意思就是，以无为的态度去有所为，以不滋事的方法去处理事情，将平淡无味当作有味……解决难事要从还容易解决时去谋划，做大事要从细小处做起；天下的难事都是从容易的时候发展起来的，天下的大事都是从细小的地方一步步形成的。所以我们在处理家长投诉的时候，要采取顺应自然的态度，先从细小和容易的地方着手。即使面临着细小、容易的事情，我们也不能掉以轻心。我们的处理原则就是不仅要维护投诉家长的正当权益，还必须保障被投诉教师的合法利益，以切实维护学校的正常工作秩序。如果家长投诉的情况属实，对教师该怎么处理就怎么处理，这关系到学校在家长心目中的形象问题；如果家长所说的情况并不属实，那么就应该由学校领导出面协调家长与教师之间的矛盾，解除家长对教师或学校的误会；而对于那些无理取闹的家长，应该通过法律手段来解决。事件处理完之后还要向学生、家长、教师、社会或上级等有关方面通报这一处理决定，以使学校的教学行为更加公开、透明，更能经得起社会各界的评议与监督。

古之用兵有言：“吾不敢为主，而为客；不敢进寸，而退尺。是谓行无行，攘无臂，扔无敌，执无兵。”意思是说，我不敢主动进犯，而采取守势；不敢前进一步，而宁可后退一尺。这就叫作虽然有阵势，却像没有阵势可摆一样；虽然要举臂，却像没有臂膀可举一样；虽然面临敌人，却像没有敌人可打一样；虽然有兵器，却像没有兵器可以执握一样。“以巧成事”的管理策略在很多时候经常能起到很关键的作用，因为在某些时候如果按照正常的程序来处理问题的话，只会起到事倍功半的负效果；如果我们能用巧妙的办法与“以巧成事”的原则来处理事情，就会起到事半功倍的效果。

管理心得

无论处理的是家长投诉的事情还是学校的其他事情，我们都要学会以守为攻，以巧成事。一方面，学校要建立健全的规章制度，经常召开家长会，与家长多沟通，营造良好的家校关系，以减少家长的投诉；另一方面，学校应该拟定《学校投诉处理预案》，随时随地按预案的相关规定并以正确的态度来处理各种投诉。

周密筹划

——合理安排学生假期活动，丰富学生假期生活

《孙子兵法·始计》中说："夫未战而庙算胜者，得算多也；未战而庙算不胜者，得算少也。多算胜，少算不胜，而况于无算乎！吾以此观之，胜负见矣。"意思就是，开战前就预计能够取胜，是因为筹划周密，胜利条件充分；开战之前就预计不能取胜，是因为筹划不周，胜利条件不足。筹划周密、条件充分就能取胜，筹划疏漏、条件不足就会失败，更何况不作筹划、毫无条件呢！我们根据这些方面来观察，谁胜谁负就显而易见了。

古代人在用兵打仗之前在祖庙内举行仪式，定出计谋，作出决策，预测战争胜负，称为"庙算"。要想在战争中取胜，作战之前一定要周密思考、深谋远虑，对战事可能出现的各种情况作出估计，要提出可能出现的情况的应对对策，以打有把握之仗。

同样，无论是做生意还是管理学校，我们也需要"庙算"。做生意之前，对于经营什么，选择什么样的时机，采用什么经营方法，我们都要慎重研究，周密思考之后才能行动。在学校管理中，我们无论做什么事也要先学会周密筹划，看看"胜利"的条件充分不充分，明确如何才能做好一件事。

比如，关于学生的假期生活，许多学校只是布置一下假期作业就行了，对于学生在假期的状况却不闻不问，于是造成开学后许多学生很长时间不能从假期的生活状态中走出来。假期中，学生离开了学校，没有

教师的监督，很容易把在学校养成的一些良好的学习与生活习惯全部抛之脑后，导致下一学期入学时会有不良的习惯。因此，如何安排好学生的假期生活，如何让假期班级管理不留空白成了许多教师关心的话题。为了解决这些问题，我们就要学会周密筹划，让学生在假期中也能够快乐、健康地成长，并养成好学、爱学的学习习惯。如何才能做到周密筹划，让学生的假期生活还能像在学校那样不留空白呢？

一、开好一次家长会

放假之前，我们要求学校所有班级要开好一次家长会，把学生假期的生活与学生、家长沟通好，让家长知道自己的孩子在这一个假期中应该做些什么，应该养成什么样的习惯。在以往，多数学生在放假后就像脱缰的马一样，没有一个好的作息习惯，所作所为全凭自己的喜好；而家长由于不了解自己孩子的假期任务，所以也不好约束孩子，甚至有的家长为了提高孩子的成绩，让孩子参加这样或那样的学习班，使孩子成天非常郁闷。所以放假前务必要开一次家长会，让家长知道学校是如何安排学生的假期生活的，并请家长一同参与制订学生的假期活动计划，让学生每天都能按计划行事，同时，也让家长知道如何来监督自己孩子的学习与生活。

二、办好一张“学生假期活动记录卡”

在临放假的时候，学校设计了一张“学生假期活动记录卡”，推出多个学生假期实践活动内容。每个班依据本班学生的实际情况进行选择，安排好学生的假期活动，并让学生把假期中精彩的生活记录下来。为防止学生弄虚作假，在“学生假期活动记录卡”上专门设有家长签名。假期中，学生将每一项活动记录下来，假期结束时，全班学生一起交流和评比。我们每个学期都对记录卡进行修订，力争使活动内容富有情趣和具有时代感。学生们可以将每一张记录卡收藏起来，留下许多值得回味的事情，留下成长的足迹。由于学生有好玩、好胜、好奇的心理，他们会努力让自己在假期做得比别人好，这样，在假期结束后相互交流的时候才有资本来谈自己的成果。另外，由于已经开过家长会，家长也了解了自己的孩子在这个假期应该做些什么，做到什么程度，所以在签字的时候也会依据自己孩子的实际情况如实填写。我们通过这样的活动，把学校教育向家庭、社区延伸，既不增加学生负担，又丰富了学生的假期生活，有利于提高学生的综合素质，增强学生的社会责任感。

三、做好一次家访

为了让假期班级管理不留空白，我们还要做好家访工作。目前，很多学校都安排了教师在假期进行家访工作。家访，是联系学校教育和家庭教育的纽带，也是班主任工作的一项重要内容。成功的家访，不但能加强教师和家长的联系，保持学校和家庭对学生教育的一致性和协调性，解决一些在学校难以解决的问题，还能增进师生间的情感，提高学生在家学习的自觉性。它是进行“零距离”心灵交流的重要途径，是化解学生与家庭、学生与教师、家庭与学校矛盾的重要方式。因此，我们非常有必要通过家访来了解学生在假期中的表现，及时纠正学生不正确的活动习惯，让家长、学生与学校达成共识，转化学生的思想、心理，使学生在假期中学有所获，能健康、快乐地成长。

四、回好一封信

目前，家里拥有电脑的学生家庭比较多，而且我也是一个比较喜欢上网的校长。在放假前夕，我要求所有教师都要把自己的电子邮箱与手机号码告诉学生，我自己也会这样做。学生可以定期给我们发电子邮件或发短信，没有条件的也可以打电话或写信，说一说他们在假期中的表现，有什么烦恼与问题。这是我们在假期中与学生、家长交流的一种重要途径。收到学生或家长发来的电子邮件或短信后，我都会一一回复。此举极大地调动了学生假期自我管理的积极性，构建了民主化、立体化的信息交流网络。

记得《三国演义》中写到刘备“毁书发愤”，使刘璋的使者逃回了成都。为避免“前情尽弃”，庞统献计三条。刘备问他：“哪三条?”庞统说："只今便选精兵，昼夜兼道径袭成都，此为上计；杨怀、高沛乃蜀中名将，各仗强兵据守关隘，今主公佯以回荆州为名，二将闻知，必来相送，就送行处，擒而杀之，夺了关隘，先取涪城，然后却向成都，此中计也；退还白帝，连夜回荆州，徐图进取，此为下计。若沉吟不去，将之大困，不可救矣。"刘备听后想了一下就说："军师上计太促，下计太缓，中计不迟不疾，可以行之。"一个人在作决策时，如果不预先做准备，就很难成功，尤其是在作重大决策时，如果没有缜密的思考和充分的准备，那么就非常危险了。任何一位成功者，不是成功于功成名就的时候，而是成功于为成功所做的准备，以及为了取得成功所做的各种努力上。只有做好充分的准备，经过周密的筹划，机遇才会来临，否则，没有准备，即使机遇来了，我们也抓不住。

管理心得

成功不会偏爱无准备之人，做事提前准备就不会方寸大乱，提前作决定就不会头绪不清、慌里慌张，道路选定前有目标就不会踌躇不前、举棋不定。所以在管理学校时，管理者作任何一个决定前都要周密筹划，要把有利与不利的情况都考虑清楚，对可能出现的后果也要分析清楚，不打无准备之仗，这样我们成功的几率才会高一些。

先胜后战

——做好学生心理健康咨询工作，扫除学生成长的心理障碍

《孙子兵法·军形》中说："不忒者，其所措必胜，胜已败者也。故善战者，立于不败之地，而不失敌之败也。是故胜兵先胜而后求战，败兵先战而后求胜。"意思就是，有些人作战时之所以不会有差错，是因为他们的作战措施都建立在必胜的基础上，是去战胜那些已经处于失败境地的敌人。善于打仗的人，总是确保自己立于不败之地，同时不放过任何击败敌人的机会。所以胜利的军队总是先创造必胜的条件，然后才同敌人作战，而失败的军队，总是先同敌人交战，然后希望在战斗中侥幸获胜。

中国古代兵家历来强调作战要用谋尚智。孙子所提出的"先胜后战"思想是中国古代战略思想的主线和精髓，不仅对古代战争具有切实的指导意义，即使在战略格局与战略理念已发生巨大变化的今天，仍闪耀着其真理的光辉，成为指导我们进行战略谋划的理论基础。第一次世界大战时期，德国的施里芬制订了详尽的应对德国东西两面的两个敌国——俄国与法国的夹击的"施里芬计划"。他完全洞悉了敌方可能采取的各种措施，就连外交方面，也想出了详尽的应对策略。细节上的尽善尽美，让德国在一战初期所向披靡。如果不是因为在对法国作战时期出现了些许差错，如果军队严格按照他的计划实施，就没有英法盟军的敦刻尔克大撤退了。

打胜仗的将军不打无把握之仗，只有充分了解敌情，有了进攻敌人的

机会，他们才会出战。成功的投资者不会胡乱购买股票，他们只有在分析了上市公司一切有用的信息，有了盈利的把握后才介入。但是我们常见的是，有些投资者在购买股票时非常盲目，当被询问当初为何买这样一只股票时，他们多半会说感觉会涨就买了，或说推荐的人多就买了。而再进一步询问他们知不知道股票的产品特性、市场前景、公司经营情况以及财务状况时，有些人说只了解其主营业务、每股收益，而另外一些人则一问三不知。这种投资方式，用战争的眼光来看，打的就是无准备之仗，无把握之仗，能有些许盈利是侥幸，套牢就在情理之中了。

将“先胜后战”运用到学校管理中，就要求我们管理者要先制订好必胜的策略，然后才开展相关工作。比如，对学生进行心理健康教育，这项工作是一项新的工作，之前没有多少经验或案例可以借鉴，如何对学生进行有效的心理健康教育呢？我们既不能人云亦云，套用别人的心理辅导方法，也不能对学生的心理健康问题熟视无睹。因为是否具有良好的心理素质和较强的心理自我成长能力决定着一个人能否立足于社会，在多变、多元的社会中获得成功。我们都知道，心理健康教育既是我国传统教育中长期忽视的问题，又是当前素质教育中的热点问题。对中小学生进行心理健康教育，是现代教育的必然要求。为此，在对学生进行心理健康教育的过程中，我本着“先胜后战”的原则，整合学校心理健康教育方面的力量，努力寻找学校心理健康教育的有效途径，具体加强了以下五个方面的工作。

一、加强心理辅导，为心理健康教育铺设道路

开展好班级心理辅导活动，是对学生进行心理健康教育的主渠道。我们的做法主要是心理教师利用上地方课的时间对学生进行有效的心理辅导，通过系统的、有针对性的辅导，让学生了解心理健康的保健知识、心理健康的标准、心理异常的原因以及自我调节的方法，帮助学生正确地认识自己，让他们自己解决在学习、生活和交往过程中产生的各种心理矛盾和困惑，避免产生“头痛医头，脚痛医脚”的现象。同时，班主任也要利用班级活动或谈话来对学生进行有目的、有步骤、分层次

的心理健康教育，给学生创造机会，让学生敞开心扉，吐露自己的心声。我们也要做到经常性地开设心理卫生知识讲座，开展心理咨询活动，帮助学生调整好心理状态，促使学生的心理健康发展。

二、加强阵地建设，为心理健康教育搭建平台

为了配合心理咨询工作的开展，我们把学校内的广播、宣传栏、阅览室等作为心理健康咨询阵地，对学生进行心理健康教育。这样的教育，内容多样，形式灵活，比课堂教育对学生更具吸引力，有力地填补了课堂教育的不足。比如，利用校内心理辅导宣传专栏，介绍一些常见的心理障碍及其产生的原因，引导学生讨论学习生活中的一些心理现象，分析本校学生的心理发展状况等，再利用图形、卡片等加以修饰，其宣传效果就非常显著。

三、加强师德教育，为心理健康教育提供基础

中小学生心理问题的产生，许多时候都源于教师的教育方法不当。而教师之所以教育方法不当，除了教育思想方面的原因之外，还往往伴有教师自身心理方面的问题。因此，我们要高度重视教师自身的心理健康问题，加强这方面的教育，同时还要努力提高班主任的心理学理论水平。平时，我们要通过多种形式进行师德教育，引导教师关心、爱护全体学生，尊重学生人格，建立良好的师生关系。良好的师生关系是对学生进行心理健康教育的重要基础。因此，教师要从了解学生的心理需求出发，实现师生间的情感沟通，将教师的要求转化为学生的要求，使学生因真实感受到教师的亲切与善意而乐于接受心理健康教育，消除心理上的障碍，从而形成一种有利于学生心理健康发展的和谐氛围，为学生创造一个平等、和谐、愉悦的心理健康教育环境。

四、加强家校合作，为心理健康教育保驾护航

学生的成长环境和条件存在很大的差别（如经济条件、家庭人际环境的不同等)，造成学生心理发展水平的不平衡，学校教育的效果很容

易被家庭教育的负面作用所抵消。因此，我们在平时的心理健康教育工作中，还要注重引导家长协同配合。教师要注意与家长密切联系，充分利用家长会，并举办心理健康教育讲座，组织家长进行家庭教育经验介绍和交流，以提高家长的心理知识水平，树立正确的育人观，为学生健康心理的形成保驾护航。

五、加强咨询室建设，为心理健康教育创造条件

个别学生出现心理异常的情况是不可避免的，此时需要进行个别心理辅导。个别心理辅导有利于辅导教师在辅导过程中全面了解学生的心理矛盾和问题，分析其产生的内外根源。因此，我们加强了心理咨询室的建设，依据心理咨询专家归纳的引导但不强迫、关心但不溺爱、理解但不放任的施爱、施教原则，采取民主、亲切、友好的态度和科学的方法，缓解学生的心理压力，消除学生的心理问题，有效地对有心理问题的学生进行补偿教育。通过心理咨询室、心理信箱和心理热线，我们分别对学生进行面对面的心理辅导、书信辅导和电话辅导。遇到个别心理问题严重的学生，我们会及时寻求社会专业机构的帮助。同时，我们还建立了学生心理档案，为班主任因材施教和心理辅导室有针对性地疏导准备第一手材料。例如，我校六年级的一名学生因连续几次考试成绩不好，经过一番努力也未见起色，所以情绪低落，认为自己脑子笨，奋斗也没用，觉得自己是一个真正的失败者，于是想放弃学习上的努力。这种情绪是他对几次考试成绩不好这一情况的消极防御，如果这样下去，就会严重制约他一生的健康成长。为此，我们心理咨询室的教师及时与他沟通，耐心而细致地开展心理疏导工作，明确指出其身上的闪光点，找出其失败的根源，帮助他树立信心，从失败的阴影中走出来，重新扬起前进的风帆。

成功往往是不可复制的，由于时间和环境的不同，以及其他复杂多变的因素，导致了每个成功者的成功之路各异。但有一点却是相同的，那就是，真正的成功者在没有出手前，就已经做好了成功的准备。在实施“先胜后战”策略时，我们还要注意一点，那就是知己知彼，力求知敌势、熟己情。“知彼知己，百战不殆”是孙子提出的一条极为重要的军事原则。这一原则作为实现“先胜后战”思想的一条重要途径，对于指导不同时期、不同形式的军事斗争都有着重要作用。在军事斗争中，最细致的工作莫过于对敌方政治、经济、军事等情况的掌握和了解。因此，我们在作战时应通过各种渠道，运用各种措施和手段，全方位地认知敌情、摸透敌情。同样，在管理过程中，我们也要根据不同的对象、不同的情境制订不同的管理策略。通过上面五个方面的做法，我们学校的心理健康教育水平逐年提高。在学校的其他管理工作中，我们也要做到未雨绸缪，先制订具体的工作策略与实施方法，把各种情况都考虑进去，要么不做，做就要成功，实施“先胜后战”的管理策略。

管理心得

开战前已做好周密的计划，并对形势和对手了然于胸，对战略部署和制敌之策胸有成竹，如此这般才出手，当然也就胜利在握了。否则，计划不周、战略偏失，肯定还没出手就注定要失败。只有真正了解学生的各种心理状况及其成因，并正确地加以引导，才能真正促进学生的心理健康发展。

通权达变

——从细节出发，做好留守儿童的管理工作

《孙子兵法·九变》中说："将不通九变之利，虽知地形，不能得地之利矣；治兵不知九变之术，虽知五利，不能得人之用矣。"意思就是，将帅如果不能精通各种机变，即使熟知地形，也不能够发挥地形的作用；指挥军队作战而不知道各种机变的方法，即使知道作战时随机应变的五项原则，也不能充分发挥部队的战斗力。这也就是我们常说的"通权达变"思想。

所谓"通权达变"，就是为了应付当前的情势，不拘泥于成规，不按照常规做事，能够根据实际情势，灵活变通，采取适合实际需要的办法。司马光砸缸，是通达权变，故能救小伙伴于危难之际；诸葛亮唱空城计吓退司马懿，也是通权达变，故能以一人之力退敌万众之兵。千钧一发、兵临城下之际，却可以力挽狂澜、扭转乾坤，这都是变通的智慧使然。

看了《百家讲坛》中台湾大学傅佩荣教授主讲的"孟子的智慧"专题，我对孟子"通权达变"的思想感触颇深。有人问孟子，依礼制，男女之间连亲手递接东西都不可以，那么，要是一个人的嫂子掉进水里，他可以用手去拉她吗？孟子说，嫂子掉进水里，不去拉她，那简直就是豺狼。男女之间不亲手递接东西，这是礼制；但礼制也可以根据实际情况加以变通，嫂子落水而伸手去援救，这就是一种变通。电视连续剧《亮剑》中塑造了一个我军高级指挥员——李云龙的形象，给观众留下

了深刻的印象。李云龙在抗日战争时期就带兵打仗，是一员骁勇的战将，他有一句口头禅：“老子管不了那么多，给我上!”他指挥军队作战，不全是按照上级下达的命令，而是根据实际情况作出判断，觉得“上级离得那么远，要是请示了，黄花菜都凉了”。李云龙凭借骁勇与果断出击，带领军队打得日本兵闻风丧胆。

从上面的例子可以看出，孟子和李云龙所倡导的思想就是“通权达变”的思想。这里的“通权达变”是指人们对行为的一种取舍，要求人们知法度而不拘泥于法度，明事理而不死守事理；知进退，善变通；允中厥，不极端；动静相宜，行止有度。世事的复杂，时势的多变，要求人们在不同的情况下采取不同的应对措施。天下无难事，唯有“通权达变”，才能真正做到进退自若。

《孙子兵法》中说：“兵无常势，水无常形，能因敌变化而取胜者，谓之神。”无论是在商业谈判还是在工程管理中，我们都会运用到“通权达变”的思想。例如，我们管理一项工程，在施工过程中会遇到这样或那样无法预料的问题，若不运用“通权达变”的思想，这项工程将很难如期完成。再如，我们进行商业谈判，若只有一套方案，没有回旋的余地，不懂得“通权达变”，谈判将很难有成果。这种思想运用到我们学校管理中，又会是什么样呢？我们可以看一看以下两个案例。

案例 1：

我校六年级（1）班的曹铮同学，父亲在昆山打工，母亲在本县县城打工，由于该学生从小身体就不好，所以父母都纵容、娇惯他，使他养成了不好的习惯。现在，他跟爷爷奶奶在家读书，爷爷奶奶也管不了他。上学期他从别人家借来一台电子游戏机，天天放学回到家就沉溺于电子游戏世界中，通常一玩就是大半夜，作业也不做，到了学校就趴在桌子上睡觉。老师去家访，他爷爷奶奶说管不了他。没办法，我们只好通过各种方法联系到他的母亲。没想到，他母亲来到学校的第一句话就说：“我不敢管曹铮，因为我才说他两句，他就以离家出走或死来要挟我。”母亲这边不行，我们只好再通过他母亲把他父亲找到学校。被父亲训斥了一番后，曹铮这才有所收敛。但是他还是不想做作业，他父亲对我们说："也不要对曹铮要求太严，这孩子反正考不上大学，混个初中毕业就出去打工了。"

案例 2：

我校五年级（2）班的苏杰，以前是一名比较优秀的学生，参加镇田径运动会还拿到两个项目的第一名。去年，他父母同时外出打工，他就住在他的大伯家里。自此以后，他的成绩直线下降，作业也不想做。老师与他谈心，他还振振有词地说他大伯不让他做作业，只让他做农活、搬砖砌墙，并伸出双手以示证明。学校开家长会，他的大伯也不参加。后来，老师到他大伯家家访，他大伯说："家中农活多，我们没有时间管他。侄子在我家，我是不会让他饿着、冻着、病着的。至于学习，那是他自己的事了（苏杰大伯也是小学没毕业）。至于家长会，无非是说小孩学习的事，我也没有时间去过问。如果苏杰不好好学习，你就给我狠狠地打，直到他想学习为止。"

那么，如何管理这两名学生呢？是随他们去吗？案例 1 中的父亲说："这孩子反正考不上大学，混个初中毕业就出去打工了。"那么，我们教育者就真的不去管他了吗？如果我们不管的话，像他这样的学生将来走入社会，也许就会是社会中的不稳定分子，甚至会走上犯罪的道路。我们学校教育的宗旨就是先教学生学会做人，然后才是学习。但是如何来教育呢？连他父亲都放弃了，我们还能如何做？话又说回来，教育也不是万能的。一些老师还说，连他父亲都不敢管他，我们哪里敢管呀，如果他真的因此而离家出走，那家长就会把所有的责任都推到学校。案例 2 中的苏杰本来是一名非常优秀的学生，就是因为离开了父母，在他伯父家也许得不到在家中的自由，所以就造成了心理上的不平衡。我们作为教育者，静下心来想一下，这些问题学生的产生，难道就与我们的教育没有一点儿关系吗？经过一段时间的思考，我决定还是不能放弃这两名学生。如果就这样放弃了学生，那就是我们教育者的失职。对待这两名学生，我们虽然要管，但也不能用常规的管理方法，否则就会适得其反。那究竟怎么办才好呢？我想到了"通权达变"的管理思想。

首先是要求教师对班内的留守儿童做好记录，定期家访，先把家长的教育观念给纠正过来。我曾经与我校几位留守儿童谈心，并了解到一些情况。他们的父母在外地打工，平时主要由爷爷奶奶照顾他们，由于爷爷奶奶大多数受教育程度不高，有的甚至是文盲，平时又要忙于生产与生活，所以很少管他们。在教育这些孩子的几大环节中，家庭教育处于空白状态。这不仅影响孩子本身的健康成长，也是一个值得思考和关注的社会问题。为此，我校各班班主任每周都会到这些学生家中去家访，与他们的监护人进行交流。看到教师这样不辞劳苦地来到家中与自己谈心，他们的监护人也被感化了，从而从内心深处想要把自己的孩子教育好。同时，我们经常召开家长会，努力办好家长学校，经常与家长沟通。如果教师实在没办法到学生家中亲自家访的话，也要经常同家长进行电话联系，以此来提高家长们的教育与管束水平。

其次是强化学校的教育功能与责任。很长一段时间内，我们都只注重学生的智能发展，而对学生价值观上的引导很少，造成一部分学生不遵守规章制度、厌学、进取心不强等。因此，我们要求全体教师要全方位关注每一位学生，特别是留守儿童的精神状态，要给他们父母般的关爱，对他们进行情感教育，并进行跟踪观察，及时发现问题，及时改进教育措施。为此，我们先是转变教师的观念，让他们知道，这些学生也和其他学生一样，是健全的、需要良好教育的人，他们也需要关爱；然后是理顺学生的思想，让他们不要排挤、孤立这些学生，使所有的师生都能够关心和爱护每一位留守儿童。

再次是落实具体工作，保障留守儿童能够健康成长。

建立这一部分学生的档案，并进行专门管理。根据学生的不同情况，有针对性地进行教育和管理。跟踪他们的成长过程，分析他们在生活、学习上的需求，并及时采取措施。

建立家校联系卡，经常与家长联系。家长们外出打工挣钱，主要是为了改善生活条件。由于工作忙，他们很少关心自己的孩子。通过家校联系卡，我们经常把学生的在校情况如实反映给家长，并提醒他们要分清轻重，明白孩子的教育问题是一辈子的事业，是不可轻言放弃的。

设立“谈心室”等可供师生心灵沟通的平台，以便及时教育，帮助这一部分学生解决各种困惑和疑难，对其显性和隐性的心理问题进行疏导，引导他们走过人生发展的关键时期，帮助其健康发展，养成良好的生活习惯和学习品质，培养其健全的人格。

开展各种活动，加强学生的自我教育。我们注重开展丰富多彩的课余文化活动，吸引这一部分学生参加文明健康的活动，让他们融入集体之中，消除孤独感、自卑感，促进其人格的健康发展；利用家长会的时间，请外出务工的农民工家长用自己的亲身经历，谈谈他们在外工作的艰辛与困苦，以唤起学生的感恩之心，体会到父母的不易，从而增强学习等方面的主动性。

在经济上给予这一部分学生适当的照顾。我们在摸清这一部分学生的家庭状况后，对一些家庭经济十分困难的学生，实施“两免一减”政策，让他们享受更好的待遇，解除学习的后顾之忧。

开学初，我们就把所有的家长分班召集到学校，让所有外出打工的家长一定要将自己在外打工的情况、联系方式告知学校，要求家长主动与学校联系。同时，学校也及时把学校的联系方式告诉家长，约定每两周双方交流一次，并为那些家中没有电话的学生提供亲情电话，以便学生有什么情况的时候及时与家长联系。

因为我们坚持在施教过程中采用“通权达变”的管理思想，让家校教育融为一体，不但这两位学生的问题解决了，那些有心理问题的学生也都一个个逐渐变成了品学兼优的好学生。

管理心得

在学校管理过程中，我们要关注细节，关注师生的心理需求，学会通权达变。只有从学生的喜好出发，才能让他们真正喜欢上校园生活。学校管理者要学会多考虑学生的心理需要，促使我们的刚性管理在办学过程中实现“软着陆”，只有这样，我们的管理才能达到事半功倍、出奇制胜的效果。

以逸待劳

——勇于承担责任，主动化解矛盾

《孙子兵法·虚实》中说：“凡先处战地而待敌者佚，后处战地而趋战者劳。故善战者，致人而不致于人。”也就是说（作战时）凡是先到达战场等待敌人到来的一方就精力充沛、主动而安逸，而后到达战场仓促应战的一方就被动而劳累。所以善于带兵打仗的人，能调动敌人而绝不被敌人所调动。“以逸待劳”是克敌制胜的重要方法。

将“以逸待劳”运用到学校管理中，就是说我们在管理过程中一定要掌握主动权，不能让自己处于被动局面。在管理过程中，自己先把事情安排好，然后让对方主动找上门来化解矛盾，这种方法比我们正面处理问题要好得多。下面我就举一个例子来说一下吧。

2008年11月底，我在常州市参加江苏省第二十届“教海探航”征文颁奖活动。当我正沉浸在专家的精彩报告中时，手机突然响了，我一看，是中心校领导打来的。领导告诉我，他们在进行全镇期中考试巡查时，发现我校有两名教师让学生批改期中试卷。领导把我狠狠地批评了一通，并要求我回校后要严肃处理这件事。学校竟然会出现让学生批改期中试卷的事情！当时我很生气，专家的报告也没有心思听下去了，心中老是在想，教师为人师表，做任何事情都要发挥表率作用。让学生批阅试卷，那教师做什么呀？这就是一种偷懒、不作为的表现。如果学生回家告诉家长，或者在社会上说××学校的老师让学生批改试卷，那学校的名声何在？我回去一定狠狠处理让学生批改试卷的教师，以儆效尤，杜绝这类事情的发生。晚上吃过晚饭，我躺在床上，翻来覆去睡不着，脑海中总是浮现这两位教师平时的工作表现。这两位教师平时工作一直都是认认真真的，怎么会犯这样的错误呢？我真有点想不通。

为了弄明白这件事的来龙去脉，也为了睡一个安稳觉，我便从床上爬起来打电话给教导主任，了解了事情的来龙去脉。原来，由于这两位教师兼代了多门学科的课程，而中心校又要求他们第二天就把试卷分析交上去，他们担心今天批改不完，所以就找了班中成绩最好的两位同学，先把选择题的答案做出来，然后再让学生来批改选择题。

了解了情况后，我一直在思索这件事情该如何处理。两位教师平时工作认认真真、一丝不苟，如果回去就这样给他们一个处分，会不会伤了教师的心呀？要知道他们也不容易，他们都是通过考试由合同教师转为公办教师的，虽然家中都还有地要耕种，但是他们从来没有因此而耽误学生一节课，每天工作都兢兢业业。今天听的报告中还要求我们做校长的要心胸豁达，能够承受来自学校内部、学校外部（包括上级行政部门、周边社区、学生家长等）的不解，甚至压力。虽然我被领导批评了，但是如果我把这种批评再转嫁到教师身上，会不会起到相反的作用呢？思来想去，我脑中有了一个大胆的想法，那就是运用“以逸待劳”策略。

我首先来到中心校，向领导说明情况，并在言谈中尽力渗透这两位教师平时的工作表现，主动把工作失误揽在自己身上，最后强调如果中心校真的要处理，就处理我这个做校长的，因为这是我在平时工作中对教师要求不严造成的。经过我的一番说明，领导同意把这件事交给我们学校内部处理。

回到学校，我还像往常一样，做自己的事，丝毫没有“山洪暴发”的迹象。但是我在有意无意中感觉到这两位教师看我的眼神不对，他们在校园里，也总是躲着我走。我看在眼里，但还是只字不提处理的事。过了一个星期，他们终于忍不住了，在周五上午最后一节课找到我，向我承认了自己的错误，并问我中心校对他们的处理决定是什么。我当时只是轻描淡写地说了一句：“什么事也没有。”他们还是不相信，对我说："无论中心校对我们作出怎样的处理，我们都能接受，不能让校长你为我们背这个处分，因为毕竟我们让学生批改试卷是事实，这是不对的。我们不能因为自己的错误行为而损坏学校的形象，如果不处理我们，那以后其他老师再发生这样的事，你这个当校长的就没办法说了。"看到他们那后悔与迫切想知道结果的眼神，我对他们说："我已经向中心校解释过了，中心校对你们没有进行任何处理。但是你们以后要注意，别再犯同样的错误。"他们当时就对我说："今后一定不会发生这样的事情了。"

这件事已经过去很长时间了，学校再也没有发生让学生批改试卷这样不该发生的事情。而且，每位教师都能经常主动找我交流，在工作上对自己的要求也比以前更严格了。

我的不处理收到了"此处无声胜有声"的效果，这是我没想到的。如果当时我回到学校按照正常的流程处理这件事，也许真的会起到相反的作用。这也正是"以逸待劳"的效果吧。

我们都知道，很少有人不害怕承担责任。试想，有一天，我们自己也不幸闯了大祸，当自己如惊弓之鸟般向上级报告时，也盼望着领导能"大人不记小人过"，所以做下属的最担心的就是做错事时，尤其是自己已经违反了规章制度，但却根本没有意识到自己的错误时，会受到严厉的惩罚。但是换位思考，如果让我们坐到那个形同"审判大会"的屋里听候领导的发落，我们也会感觉有点难为情。而这时，如果做领导的能大声说一句："这件事情不怪你，一切责任在我。"试想，此时此刻犯错误的教师是何种心境？也许他们从此以后都不会犯这样的错误了，并会随时提醒自己要注意自己的言行。但是，当教师犯了错误时，又有哪位校长能大声地说一句"一切责任在我"呢？相反，一些校长在处理犯错误的教师时，总是想方设法为自己开脱，把责任全部推到教师身上，唯恐遭到连累，引火烧身。作为校长，我们首先要考虑的是如何有效地解决问题，其次要思考下属为什么会犯错误，难道他们犯错误，我们就一点儿责任都没有吗？答案是否定的。最起码我们犯了一个监督不力的错误或安排任务时没有考虑到当时情况的错误。何况，领导的责任之一就是教导下属如何去工作。教师犯错误时，校长也是有责任的。

有人曾经说过："世界上只有两种人不会犯错误，一是没有出生的人，二是已经去世的人。"任何人都会犯错误，而且有些错误是在无意中犯下的。那么，对于这次事件，我们首先要想到的是作为管理者，我们不应该逃避责任，把所有责任都推给犯错误的教师，而应树立一种观念，即自己学校的教师犯了错误，就是自己犯了错误。因为教师犯了错误，说明做校长的没有尽到责任，没有提醒到位，所以如果要处罚教师，就得首先处罚校长。在上级面前大胆承担自己的责任，这是一个优秀校长应有的担当。当然，管理学校也需要谋略，要求领导者能做到让他人不能洞悉自己的意图，从教师意想不到的角度入手进行管理，这样，你的管理也许会收到意想不到的效果。

一个懂得管理艺术的校长，当知道自己的下属犯错误之后，首先要做的是冷静，不能头脑发热地迅速处理。要先冷静地检讨自己，明确区分哪些是下属应负的责任，哪些是自己应负的责任，与下属谈话绝不含糊其辞、模棱两可，更不能使下属听了后更担心自己会受到惩罚。我们主动承担责任，然后再与犯错误的教师一起分析整个事件的前因后果，一起努力改正错误，这也是处理好上下级关系的一大前提。我们做校长的在教师犯错误时，一定不要故意回避自己应承担的责任，说话要留有余地，切忌凭空许诺，大包大揽。平时我们经常会听到一些领导对下属说："没事，你们大胆地做，出了问题我来负责。"而当真正出了问题之后，他们却又把责任推给教师，自己站在清水池里，眼睁睁地看着自己的下属受惩罚。这样一来，下属在做事时会产生麻痹大意的思想，形成一种思维定式——反正有领导担着，我只管大胆做；等错误出现后，下属又发现领导根本不能替自己承担责任，心中就会产生埋怨。时间长了，就会给学校工作造成不必要的麻烦。而校长为下属分担责任，不只是为了让下属心中增加几分安全感，更重要的还是培养和增强下属对校长的信任，使下属愿意承担自己应负的"直接责任"。因此，一旦我们向教师承诺了某事，就一定要信守自己的诺言，无论教师事情做得如何，校长都不要失信于人。当下属没有做好的时候，我们不能让他们独自承担责任，而应积极鼓励，细心安慰，并从侧面表示自己还愿意为下一个行动计划继续承担责任，这样才能鼓励下属进一步树立战胜困难的信心与决心。

管理心得

校长在学校管理过程中不要逃避责任，要意识到只要是学校教职工犯的错误，就与自己有关，就要在全体教师面前大胆承认自己的错误，不找借口，然后再仔细了解情况，采取最合理的解决办法。同时，校长不要过分关注教师的错误，如果只是一味地强调教师的错误，往往会大大挫伤教师的积极性和创造性，甚至会使教师产生对抗情绪。我们要善于化解各类矛盾，变不利因素为积极因素，促进学校的可持续发展。

赏罚分明

——理智而公平地处理教师违规现象

《孙子兵法·行军》中说："卒未亲而罚之，则不服，不服则难用；卒已亲附而罚不行，则不可用。"意思就是，士兵还没有亲近依附便用严酷的刑罚去惩治他们，就不会令其心悦诚服，士兵内心不服，军队就难以用来作战；士兵已经亲近依附而不执行军法军纪，这样的军队也不能用来作战。

在学校管理中，我们可以把"士兵"理解为教师。将这一兵法运用到学校管理中，要求我们管理者必须善于发现管理工作中的内在规律，创造有利的环境，避免因对某个教师太好或太坏而做事有失偏颇，这样才能使教师更用心地工作，实现预期的目标。在学校管理中，我们要做到赏罚分明。

我镇小学系统前几年考核教师的主要手段就是学生的考试成绩，所以导致期末考试时作弊之风十分盛行。许多教师为了奖金，为了能够得到提拔或"在别人面前有面子"，在考前打电话联系监考人员，希望监考人员能够在考试的时候给予照顾。无论中心校领导在大会还是小会上如何批评教育，如何强调，还是不起作用。为了端正考风，严肃考纪，杜绝考试作弊现象再次发生，中心校出台了《归仁镇小学考试制度》，对出试卷、带试卷、监考、批阅试卷等每一个环节都进行了严格的制度约束。相关领导还强调，对于违反《归仁镇小学考试制度》的教师，无论什么理由都不宽容，都要按制度来严肃处理，以此来规范学生的考试行为和教师的监考行为，从而使归仁镇小学系统的考风能变好，让归仁镇小学的教育沿着可持续发展的轨道前行。

没想到，在一次六年级测试中，我校真的就有一位教师由于客观原因违反了考试制度。我校张老师按规定时间从中心校领到试卷后去监考的途中，摩托车突然坏了，无法启动。考试的时间越来越近了，而他离考试学校还有近 10 里路，路上没有过往的车辆，他也没有电话，没办法让别人送他去考点。怎么办？他思前想后，只好把摩托车放在路边锁好，然后一路跑到学校。因为这件事，该考点考试时间推迟了 20 分钟。正巧中心校领导检查到这个考点，发现考试时间到了，可张老师还没有到考点，致使考试没有正常进行，于是决定对张老师进行严肃处理（因为以前有的学校有意推迟考试时间，由教师打电话问其他学校的考试题，再把问来的考题告诉学生）。怎么办？张老师平时对工作兢兢业业，年年都被评为先进，成绩有口皆碑，按说当属褒奖之列，如果因为这件事被处罚，就有点不近人情了。而且，这样做也可能会引起张老师的不满，甚至会引起其他教师的反感，使大家认为学校的领导不近人情，这样，就不利于以后学校工作的开展了。但是能怪规章制度“不讲情面”吗？当然不能。不按制度来处理，把张老师当作一个例外，那么中心校在教职工代表大会上通过的《归仁镇小学考试制度》就会成为一纸空文，以后再发生同样的事情又该怎么办，随便找一个理由就可以不处理了吗？说不定还会导致大家对各项学校管理章程不信任。而如果简单化地对张老师进行罚款，又确实会“冷了许多人的心”，其结果当然是与制定制度的初衷相悖的。孙子曾经说过：“令之以文，齐之以武，是谓必取。”我们要用宽容、仁慈的手段使士兵信服，以军法整治军队，这样的军队作战时才能战无不胜。当时，张老师找到我，先向我承认错误。他说：“无论什么原因，我迟到了，那就得承认错误。”然后才向我提出请求，想让我到中心校向领导解释一下。出于对教师的爱，也为了张老师以后能够做好自己的本职工作，在学校中起到模范作用，我到中心校向领导解释了他迟到的原因，恳请中心校从关爱教师的角度来处理这件事。中心校领导经过反复讨论，最后形成决议：制度还是要执行的，因为所有教师在制度面前都是平等的，张老师也不例外，不能因为客观的原因就不执行制度了，否则以后再出现这类事情，就不好处理了，所以对张老师的处罚是罚款 30 元；又因为张老师教学成绩显著，平时工作兢兢业业，所以另外发奖金 30 元。这是管理改革的生动体现，中心校领导的这一决定，“敢”字当头，“爱”字开路，既维护了制度的严肃性，又体现了与人为善的人文关怀。

现在提倡以法治校，以制度治校，愚蠢的校长用制度来限制教师的行为，聪明的校长用制度来调动教师的工作热情。不同的校长对同一件事会有不同的处理方法，也会产生不同的效果。比如，当教师费心尽力地完成某一项任务时，一位校长说：“做得非常好，非常感谢你们，晚上请大家吃顿便饭，缓解一下紧张的神经。”而另一位校长说：“谢谢大家努力完成任务，但是有些地方还需要进一步完善，希望你们下次能做得更好。”两种不同的处理方式会使教师产生不同的心理反应，对以后的工作也会产生不同的作用。是这两所学校的教师能力或素质有差别吗？不是的，是因为他们分别处在不同的学校管理文化背景当中，其中最根本的是校长的领导风格不一样。第一位校长是从感恩的角度来处理的，而第二位校长担心教师产生骄傲心理，所以在言谈中就有了一个提醒的成分在里面。本来二者的出发点都没有错，但是听者却会有不同的想法。作为被管理者，大多数教职工还是希望得到领导的表扬的。这样，教师每天上班都会有一个愉快的心情，总想着如何把今天的工作做得更好，以期得到领导的赏识，而不是担心因自己的工作有哪儿出了纰漏而受到校长的批评。其实我们都知道，光会批评教师的校长是不招人喜欢的，因为这样的校长总是斤斤计较，吹毛求疵。而经常表扬人的校长虽然受教职工的喜欢，但是也不可能让教师长时间地保持旺盛的工作精力，稍有不慎，就会导致处理不公，引起教师的不满。因此，在管理过程中，光有软的不行，光有硬的也不行，最高明的管理策略则是软中有硬。就像上面的案例中所谈的，既然张老师违反了制度，那么就得按制度来处理，制度面前人人平等，如果不处理，以后在执行制度时就不会令人信服。但事出有因，分析张老师的工作态度，所以又表扬了他。

这样，因人因事，双管齐下，起到了很好的效果。如果中心校领导把张老师的行为简单地理解为违反《归仁镇小学考试制度》而严格按照制度规定来处理，也许会给学校的工作带来一定的负面影响。

美国社会学家米尔斯《权利精英》一书中的主要观点就是个人的发展离不开组织，说得更通俗一点，就是离不开广泛、有效而积极的人脉关系。制度不是阻力，或许执行起来有些压力，但更多的应该是生成动力。赏罚分明也势必会成为领导处理工作事务的基本原则之一。

管理心得

我们制定的制度要为教师施展才华搭建平台，给教师留有学习和借鉴、总结和分析、反思和实践的时间和空间。平时校长要学会感动教师，让教师“把握生命中的每一次感动”，主动回报学校。校长应用不同的方式对待不同的教师，或在环境改变后，用不同的方式对待同一教师，并想方设法培养教职工的能力和信心，在执行制度时应注重尊重、理解、信任等人文精神，从而为学校的发展创造条件，让学校充满浓厚的制度文化气息，积淀深厚的制度文化底蕴。

视卒如婴

——像关爱亲人一样关心教师

《孙子兵法·地形》中说："视卒如婴儿，故可以与之赴深溪；视卒如爱子，故可与之俱死。"意思就是，将帅对待士兵就像对待婴儿一样关心，士兵就会和他共患难；将帅对待士兵像对待自己的孩子一样，士兵就会跟他同生共死。

将此谋略运用到我们学校管理中，就是学校管理者要像对待自己的亲人一样来对待学校的教职工，只有这样，学校的凝聚力才能形成。人是有思想、有行为，需要得到爱的，这一切都来源于人的情感。在深化课改的今天，以学生为本，充分尊重学生和学生的个性差异等理念已深入人心，但是要实现这些新理念则需要教师来实施。当教师默默为教学工作努力的时候，他们也需要被关爱。如果管理者只记住优秀教师在各方面为学校取得的成绩，功利化地只培养他们，而忽略了大多数教师的工作和学习，忽视了关爱大多数教师，这将是非常可怕的。须知，果树之所以可以结果，是因为土沃根实、枝繁叶茂。我们决不能做只要葫芦的傻事。关爱教师，"视卒如婴""爱兵如子"，应是实施情感管理的重点。校园人性化管理的关键是尊重所有教师，尊重教师的一切。有了对教师的尊重，才能有民主而富有创意的课堂，才能有智慧和关爱的撞击。

我校一位教师八十多岁的父亲得了轻度脑血栓，生活不能自理，必须住院治疗。当时，他向我请假，说想带父亲去医院治疗。对于这样的事，我们应该全力支持，只有这样，他回到学校才能安心工作，且更加努力。我对他说：“安心带你父亲去治病，学校的事你放心，我来安排。”这本来是一件很平常的事，但让我感动的是，第二天早上，他打来电话说，他今天想来上班。父亲都这样了，怎么还有心思来上班？因为我知道，他父亲有两个儿子，大儿子已经过世，现在家中里外就靠他一个人。现在他想来上课，说明他已经融入学校了，凡事都以学校为重。但是，越是这样，我就越不能让他来校上课，因为我知道，即使他来学校上课，心里也会牵挂着医院的父亲，那样反而会影响工作。所以我对他说：“我不是已经说过了吗？你安心在医院照顾你父亲，你的课我已经安排好了，什么时候你父亲出院了，你再回来上班。”没想到他在电话里对我说：“我父亲的病也不是一天两天就能好的，我不能这样长时间地休假呀，如果我不回去上班，我对不起我的学生，对不起学校，对不起你。”我说：“不要说对不起，因为每个人都可能会遇到这样的事，你回来上班，你父亲怎么办？”他说：“我已经请别的亲属来帮忙，我白天到学校上课，晚上再赶回医院守护父亲。”听到这儿，我的眼眶湿润了，多么好的教师呀！我拿什么来回报你这位一心为学生，一心为学校，一心为工作的教师呢？我只能怀着一颗感恩的心，祈祷你父亲的病快快好起来！

是什么力量让他强忍着心中的悲痛来学校为学生上课呢？我在思索着，心中渐渐明朗起来。也许是因为平时我能体会到教师的难处，心里装着教师，处处为他们着想。我认为，我们校长心中要有教师，要学会“视卒如婴”，要把教师当作自己家庭中的一员来看待，时刻把教师的困难装在心中，尽一切力量帮他们解决。《老子》第五十九章也谈到：“治人事天，莫若啬。夫唯啬，是谓早服；早服谓之重积德；重积德则无不克；无不克则莫知其极；莫知其极，可以有国；有国之母，可以长久。”意思就是，治理民众和尊奉天地，没有比爱惜精神更为重要的了。爱惜精神，能够做到早准备；早做准备，就是不断地积“德”；不断地积“德”，就没有什么不能攻克的；没有什么不能攻克的，那就无法估量他的力量；具备了这种无法估量的力量，就可以担负治理国家的重任。这启示我们：作为学校管理者，要积累雄厚的“德”，有了“德”，也就接近了“道”，就会为工作留有余地；留有余地，才能早为之准备；早为之准备，才能在事情即将发生之前及时解决；在事情即将发生之前及时解决，才能广有蓄积；广有蓄积，自然就战无不胜，攻无不克；战无不胜，攻无不克，自然就具有无穷的力量。因此，我们作为管理者，一定要爱我们的教师，将我们的教师放在第一位，也就是要学会“视卒如婴”。

如果校长能够“视卒如婴”，就不会拿放大镜来寻找教师身上的不足或缺点，然后拿出来批评，而是当教师犯了错误的时候，真诚地与其交流，让其认识到自己的错误，进而改正自己的错误。

如果校长能够“视卒如婴”，就不会高高在上地向教师发号施令，就不会认为教师应该什么都听自己的，就不会对教师指手画脚，做命令的使者；而会把自己融入教师群体，平等对待每一位教师，让教师在一种宽松、和谐的环境中工作、生活、发展，这样全体教师才会积极为学校的良性发展而出谋划策，努力拼搏。

如果校长能够“视卒如婴”，就会想教师所想，急教师所急，把教师的事当作自己的事，努力创造条件来帮助教师解决他们解决不了或解决不好的问题，让教师安心工作，从而换来全体教师的尊重与佩服。

如果校长能够“视卒如婴”，就会给教师创造一个自由、宽松的工作环境，让教师体会到学校就像家一样温暖，从而使教师把学校的事当作自己的事一样来做，最大限度地激发教师的工作积极性。

管理心得

一位哲人曾经说过：“如果校长给教师一分自由，那么，教师就会给自己十分的不自由。”校长在平时的工作中，心中要永远装着教师，把理解和关爱教师放在学校管理工作的第一位，努力发现教师身上的优点与长处。这样，我们就会感觉到我们的教师是最好的教师，我们的校园是和谐的校园，我们的教师和学生在这里都会得到长足的发展。

治人攻心

——以真心换真情，消除管理障碍

《孙子兵法·谋攻》中说：“善用兵者，屈人之兵而非战也，拔人之城而非攻也，毁人之国而非久也，必以全争于天下，故兵不顿而利可全，此谋攻之法也。”意思是说，善于用兵打仗的人，使敌人屈服不依靠交战，攻占敌人的城池不依靠强攻，毁灭敌人的国家不靠长久作战，一定是用全胜的战略与诸侯争胜于天下，从而既不使兵力受挫，又可以获得圆满的胜利，这就是谋攻的方法。

这里所说的用兵之道对我们学校管理的启示就是，我们在学校管理过程中，不能用外力来压迫教师遵守学校的章程，而要用谋略，先把教师的心理防线攻破，这样，他们才能配合学校的管理工作。比如，每所学校都有一些爱提意见的教师，遇到一点不平的事就会发牢骚，鼓动其他教师与领导对着干，无论你用怎样严厉的制度来约束他们，他们都无所谓；如果你想与他们沟通，以示友好，他们会用一层冷漠的外衣把自己包裹得严严实实，让你接近不得。能否做好这部分教师的管理工作，是事关学校能否良性发展的大事。

我们学校也有这样一位教师，不知道是他对我个人的管理风格有意见，还是对自己在学校的地位不满，他平时总是与我唱反调，每天都在办公室发牢骚，为其他教师“打抱不平”。开会的时候，每当我提出一些想法的时候，他总是第一个站出来反对，而且反对理由也“十分充分”；每每学校准备做什么事情或开展什么活动的时候，他总是提出不同的意见，阻止工作的顺利开展。如何管理这位教师，是一个经常让我夜不能寐的问题。

2008年10月，这位教师的家属出了车祸，正在医院治疗。由于家中没有其他的人能够去医院照顾，所以他来向我请假。他平时的行为经常让我束手无策，我当时真的很想不批准他的假，也让他体会一下被别人拒绝的滋味。但是现实情况却不允许我不批假。大家毕竟都是同事，现在他有困难了，作为领导也不能不闻不问呀。出于对这位教师的同情，我对他说："你放心去医院照顾家属吧，学校的课我来安排。什么时候治好了家属的伤，你什么时候再回来上班。"听后，他怀着感激的心离开学校去医院了。

他的课该如何安排？我校的数学教师都带着两个班的数学课，根本安排不过来。想来想去，学校也只有我只教一个班的数学，看来这个担子还是我来挑比较合适。一个星期过去了，这位教师打电话给我，说他准备回来上班，不能因为家里的事耽误教学工作，并说我的工作也很忙，不好意思一直让我帮他代课。当时我听了这话，感觉非常意外。他请假的时候，我已经明确说过，学校的教学工作不用他操心，把家属的病治好是大事，但他还是牵挂学生，他这份对工作的责任感让我感动。

可能平时我忽略了他的优点，对他的建议也不怎么放在心上，所以他有想法也是难免的。这是由于我们之间缺乏沟通造成的，是我工作的失误。此时我也为自己没能够挤出时间去探望他的家属而感觉惭愧。佛家常说"舍得"，没有舍予自己的情感，如何能得到他人的回报呢？我们平时在工作当中一定要学会以心换情，让教师与校长在情感上产生共鸣。想到这里，我就在电话里对他说："如果你相信我能把你的课代好，你就继续在医院照顾病人，家属的健康同样是大事。"

也就是在那个周末，我起了个大早，带了些礼品去医院探望他的家属。到了医院，他看到我突然出现在病房门口，一脸的诧异，问我："校长你这么忙，还来看望我们，本来我想让家人今天出院，下周就可以正常回校上课了，但是因为病情不太稳定，医生说再观察几天。"听了他的话，我心里又是一阵触动。我说："我今天来就是为了让你安心在这里照顾家属的，学校的事你暂时放一放，家人身体最要紧！再说学校的事有我帮你顶着，你应该没有什么不放心的吧？”因为没有了隔阂，大家谈话都很自然。当我问他还有什么困难的时候，他坚决地说没有。尽管如此，临走的时候，我还是悄悄在他家属的枕头下放了点钱。因为我知道，他们家经济条件本来就不好，现在出了这样的事，经济负担一定很重，能帮的就帮一帮吧。

我本想在医院多待会儿，后来教委打电话找我有事，我就离开了。临走时，我又说：“治伤要紧，不能因为学校人员紧张就回去上课。你这样体谅学校的工作，学校也一定会支持你的。你的课还是由我来上，回来你检测学生，如果学生成绩下降了，你可以永远不把我当朋友。”听了我的话，他紧紧地握着我的手说：“校长，我相信你！”出了病房，他一直把我送到医院大门口。尽管这次见面的时间不长，但我们用真诚消除了隔阂，我用真心换来了他的尊重。

在回去的路上，我反复思考：是不是因为我亲自帮他上课，才让他产生了提前回学校上课的念头？才让他理解了我的工作？孙子曾经说过：“上兵伐谋，其次伐交，其次伐兵，其下攻城。攻城之法，为不得已。”是说用兵打仗的上策是以谋略战胜敌人，其次是用外交手段打败敌人，再次是通过武力战胜敌人，最下策是攻打敌人的城池。攻城之法，是不得已而为之。我们在学校管理过程中，也要懂得这个道理，要经常与教师沟通，了解他们的实际情况，并对症下药。不能一出现新情况，就随即出台一个新制度来约束教师，而要找到制约学校发展的因素，从而有针对性地加以解决，实现预期的目标。如果就事论事，往往只能看到事物的表面，而不能深入本质，获得较大的成就也就无从谈起。俗话说得好：“攻人先攻心。”只有让全体教师从内心深处接纳校长，才能达到政令畅通的地步。我想：我用真心换来了这位教师的理解，今后他一定会通过努力工作来支持我。果然不出我所料，这位教师返校后像换了一个人似的，什么事都抢先去做，即使对学校的工作有意见，也是先与我私下交流，以前的他好像不见了，我们的关系变得非常融洽，工作得以更顺利地开展。

管理心得

“教育是心与心的交流”，对于爱提意见的教师，如果其意见是正确、合理的，我们就要放下架子，积极采纳；如果是不合理的，我们就要多与之沟通，提出自己的想法，指出其不合理性，让彼此多一分理解和信任。只有当教师的优点得到认同，建议得到采纳时，他们积聚在内心深处的才能和热情才会迸发出来。

恩威并施

——深入了解，帮助教师解决后顾之忧

《三国志·吴书》中说：“赏善罚恶，恩威并行。”意思是我们对于善的行为要加以奖赏，对于恶的行为一定要加以惩罚，让恩惠与威严并存。

我们经常听到有些校领导说：“我对下属那么好，可是到最后他们都远离我，不支持我的工作，真是太不重情义了！”我们也常见这样的校领导：很有“领导脾气”，只要看到不顺自己心的事，就把下属叫到跟前训斥一顿，好像厉害得不得了。他们都不能让教师信服，有时还会引发上下级之间的争执。为什么对下属好不行，对下属严也不行？这是许多校长困惑的问题。其实造成这种现象的根本原因是校长没有实施“恩威并施”的管理方法。以前的管理方式都或多或少地偏重于“威”而忽略“恩”，而在目前我们提倡的新课改大背景下，却又反其道而行之，偏重于“恩”而忽略了“威”，这都造成了管理上的不和谐。“恩”“威”本来是矛盾统一的，要正确处理就需要找到二者最佳的切合点，什么时候需要“恩”（鼓励与表扬），什么时候需要“威”（惩罚与批评），这需要因人、因事、因环境而定。

我刚到山河小学任校长时，开学的各项工作在平稳中有序地进行着，唯一让我犯难的就是排课。因该校一年级到六年级共 8 个班，只有 10 名教师。单从教师数量上来看，排课就已经捉襟见肘了。况且教师中一大部分都是年过半百的老教师，他们的教学艺术与教学方法都已经严

重滞后。他们带好学生靠的是他们的责任心，以及对学生的爱。教师数量严重不足，中心校又不给我们分配教师，怎么办呢？于是我召开校委会，反复研究课程怎么安排才能达到最优化。最后决定，一二年级全部实行包班，年轻的、有能力的教师带五六年级。

杨老师是学校唯一的大专毕业生，凭能力，他完全能够胜任毕业班的语文教学工作。但是，在任课安排表发下去后，问题就来了，杨老师说什么也不带六年级语文，而且特别强调他要带二年级语文，还不能包班。怎么办？我安排教导主任向他解释，他还是不同意，甚至有两次竟然没请假就不来学校了。局面就这样僵了下来。正在我思考如何处理这件事的时候，杨老师竟然请出了中心校的两位领导来向我说情，让我为他调课。这时，我心中的气更是不打一处来。我这个人就是倔，对的我就听，错的任凭谁说我也不理。可后来再想一想，如果随他所愿，势必会给我以后的工作安排带来负面影响；如果把工作强加给他，一定会引起杨老师的抵触情绪，不利于以后工作的开展。怎么办？是随他所愿还是严格执行决定？我左思右想，很是矛盾。没办法，我必须面对这件事，还是先到领导家探个究竟吧，顺便也把我的想法与领导交流一下。我想：领导一定会理解我们这些一线校长的。我一方面向中心校两位领导解释这样安排的原因，一方面了解杨老师不愿意带毕业班的原因。通过一番深入、坦诚的交谈，我才知道杨老师不愿意带毕业班是因为其家属身体不好，经常生病，他需要留出一定的时间来照顾家人，加之毕业班的课务较重，杨老师担心课教不好给学校丢脸。我根据了解的情况，又召开了一次校委会，研究、商量杨老师的任课安排。最后，大家达成一致意见：还是按照原方案执行，学校给他安排一间宿舍，让他把家属带到学校来，并安排其家属为几位路远的教师做中午饭，打扫各教室的卫生，报酬就按校聘教师的待遇给。这样，既方便了杨老师照顾家属，又增加了杨老师的家庭收入，同时也能让他安心搞好教学工作。杨老师终于接受了毕业班的教学任务。

在以后的教学工作中，我经常找杨老师谈心，帮助他减轻压力，终于，他重新认识到自己的能力，全身心地投入教学工作。在全镇期末测试中，他带的毕业班语文成绩平均分达到 90.84 分，受到了全校教师的一致好评。同时，我也按照学校的相关规定给予了他奖励。

一场教师心理上的危机被我成功地化解了。虽然表面看来，我的威严受到了挑战，但我相信，我这样做一定会在教师中树立自己的威信，赢得更多教师的尊重。

子夏说："君子有三变，望之俨然，即之也温……"作为领导，要想让下属服从管理并接受你的管理措施，就必须要有威信，要让教师从远处看你感觉很严肃，而一旦接近，却又感觉你温和可亲。"恩"就是温和、奖励、赞美，"威"就是严格、批评、期望。平时，给下属一些"恩"就会很容易得到他们的理解和支持，但"威"却不是随随便便可以发的。如果下属不服从工作安排，可以用暗示的方式来使他们警醒。在下达命令或指示下属行动时，可以事先提醒他们，如果不遵从指示，将受到一定的惩罚，以此使下属遵从指示而行动。但是因为处罚的行为必然会遭到下属的反感，所以领导应尽可能通过暗示处罚方式来驱使下属行动，同时给予下属一点"恩情"，"恩威并施"，以达到自己的目的。下属做得有失妥当的地方固然应当批评，而对其表现优秀之处，却不可抹杀，要给予适当奖励，这样，下属的内心才能平衡。

管理心得

在学校管理过程中，校长要摒弃"我就是学校，学校就是我"的极端个人主义，不能将自己的权威建立在上级赋予我们的权力上，而要将理与情、严与亲、刚与柔融为一体，注重情感的管理功能，让全体教师对自己的态度是"亲之"而不是"敬之"，进而树立校长的威信，赢得广大教师的认同。

公正廉明

——严格执行制度，维护教师利益

《曾胡治兵语录》中说："治兵之才，不外公、明、勤。不公不明，则兵不悦服；不勤，则营务巨细皆废弛不治。故第一要务在此。"意思就是，管理军队，不外乎公平、透明、勤奋。不公平，不透明，士兵就不会服气；不勤奋，军队事务就会荒废而得不到处理。这是管理军队的第一要务。

作为校长，在学校管理过程中，也要做到公平、透明、勤奋。坚持公平、公开、公正，绝不能以权谋私、假公济私。处理学校任何事务都要做到公平、公正，光明磊落，于无声处给教师以教育、鼓舞和鞭策，力戒"亲我者近之，疏我者远之"的不正之风，要努力"一碗水端平"。因为群众最忌不公平，不公平就会涣散人心、引发矛盾，即使本事再大、能力再强的领导，如果处事不公，也会丧失其影响力和感召力。我们在学校工作中只有做到公正廉明，才能使教师信服，才能得到教师的支持，才能让学校的工作有序开展。

每学期结束时，各校都要对教师进行绩效工资考核兑现。为了使考核公平、公正、公开，我专门针对绩效工资的发放召开了几次教职工代表大会，讨论方案，然后在教师会上公布，听一听大家的意见。最后，经过几轮的研讨与交流，形成了大家都认可的条款。所有教师都认为这个考核方案很公平，针对不同教师有不同的考核办法，是一个人性化的方案。看来，这个考核方案还是很得人心的，这样操作起来应该不会再造成什么意想不到的矛盾了。于是，我们开始正式考核。考核在收集材料的阶段没有出现一点差错，都是有序地进行的。到最后，考核小组在累积各位教师的总分时，为了不受外界因素的干扰，我把手机关了。我心想：这样就不会有说情的人来打扰了，就可以给全体教师一个公正的评价，让那些工作成绩突出的教师得到应有的奖赏。正在我们紧张地为教师打分的时候，教导主任的手机响了。教导主任一接听，说是找我的，是中心校领导打来的。我想：既然是中心校领导打来的，一定有事要我来处理；既然是领导，就一定会坚守考核制度，不会干涉我们学校的绩效工资考核，所以一定不会是来说情的。我接过教导主任的手机，并向领导解释自己的手机没电了，正在充电。不听不要紧，一听才知道，这个电话还真是来说情的。当事领导让我关照一下他的小舅子，把他小舅子的分打高一些，并承诺如果我这样做，以后中心校在研究事情的时候，他一定会为我说好话的。我不想面对的事还是发生了。不照办吧，领导会说我这个校长目无领导；照办吧，又感觉实在对不起其他的教师。他的这位小舅子不仅教学成绩上不去，而且不安心教书。平时碍于领导的面子，我也没有过于严厉地去批评他。但是，现在如果给领导这个面子，给他小舅子打了高分，那么其他的教师如何看？那我们学校制订的考核方案不是等于废纸一张了吗？如果传出去，教师们一定会对我非常失望。怎么办？我正在思索着，一抬头，看到所有的考核人员都在用一种异样的目光看着我。我心里明白，他们就是想看我能不能"秉公执法"。孔子曾经说过："君子和而不同，小人同而不和。"君子讲求的是和谐而不同流合污，小人只求完全一致，而不讲求和谐与友善。难道我要做孔圣人笔下的小人吗？不能！我也不能违背自己的良心，去做对其他教师不公平的事。于是，我断然拒绝了中心校领导的求情。

最后在讨论分数时，教导主任友好地对我说："校长，上面的领导不能得罪，我看还是稍微多给他一点分吧，这样，你以后到中心校办事情才方便呀。"我说："是的，但是如果我们多给他一点分，那么对其他教师怎么说，我们怎么对得起那些努力工作的教师。"参加考核的教研组长又对我说："校长，还是多给他一点吧，哪怕是一点点，这样也不会影响到大局，况且我们几个考核组的人也不会对外说的。”考核组的其他成员也一个个都让我多给他一点分，认为这样既方便了别人，也方便了自己。我知道，他们让我多给这位教师一点分，并不是他们的本意，只是他们替我这个校长着想，不想让我以后到中心校不好办事。俗话说：“送个人情好办事。”我也能理解他们的苦心，但是，如果我真的多给他一点分，那我的良心会受到谴责的。孔子说过：“人之生也直，罔之生也幸而免。”一个人能生存是由于其正直，而不正直的人也能生存，那只是他侥幸地避免了灾祸。我认为只要堂堂正正做人，什么问题都会迎刃而解的。所以我就笑着对他们说：“谢谢你们的苦心，还是按照我们事先拟定的考核细则来吧，不能因为他一个人而影响了我校良好的工作氛围。至于领导那里，由我来解释，你们不要有顾虑，该给谁多少分，一定按照细则的要求来做。”

考核结束的第二天，我收到一个陌生号码发来的短信，内容大致是：“校长，你能抗拒上面的人情面子，我佩服你的大公无私与公正廉明，能在你的手底下工作，是我的骄傲。”我知道，这条短信一定是我校一位教师发的，是我拒绝领导求情的事情传到他们耳朵里了，唤起了他们对我的尊敬。我为自己当时没有失去原则而感到高兴。

古人说：“吏不畏吾严而畏吾廉，民不服吾能而服吾公；公则民不敢慢，廉则吏不敢欺；公生明，廉生威。”这警示我们：作为校长应自觉增强廉洁清正意识，顶得住压力，做事情要出于公心，不搞亲疏远近，不畏权势，不徇私情，坚持工作原则不动摇；凡是定下的事情就应雷厉风行地去做，部署的工作要一抓到底，切实做制度、规定、法纪的有力执行者。我们都知道，好的制度如果执行、落实得好，就会风正气顺，政通人和；反之，就会导致职责不清、工作不力、效率低下，有时甚至是推诿扯皮、利益纠缠。任何时候，我们都要牢记先哲“受鱼失禄，无以食鱼；不受得禄，终会食鱼”的诤言，珍惜来之不易的工作岗位，倍加珍惜自己的声誉，大力倡导新风正气，坚决制止歪风邪气，始终把教师的期望和利益放在心头，千方百计为教师办实事、办好事。

管理心得

有道是“心底无私天地宽”，治校之道，源于公心，而不能随心所欲。一所学校要立于不败之地，作为“一校之魂”的校长就应做到“得之淡然，失之泰然”，保持一颗平常心，尽责任不谋官位，干事业不谋私利，谋实绩不图虚名！

天人合一

——尊重教师，让教师在制度范围内“自由飞翔”

《曾胡治兵语录》中说：“带兵之道，用恩莫如用仁，用威莫如用礼。仁者，所谓欲立立人、欲达达人是也。待弁兵如待子弟之心，常望其发达，望其成立，则人知恩矣。礼者，所谓无众寡、无小大，无敢慢，泰而不骄也。”这几句话告诉我们：我们对下属施加恩情，不如用我们的仁义来引领，用我们的威严来强化，用我们的礼法来调节；对待下属要像对待自己的亲人一样，让他们心悦诚服地接受我们的管理。

“天人合一”的思想最早是由庄子阐述的，后被汉代思想家董仲舒发展为天人合一的哲学思想体系。“天人合一”思想主张天人相应，或天人相通，认为人和自然在本质上是相通的，故一切人事均应顺应自然规律，达到人与自然的和谐。季羡林先生将其解释为：天，就是大自然；人，就是人类；合，就是互相理解，结成友谊。西方人总是企图以高度发展的科学技术征服自然、掠夺自然，而东方先哲却告诫我们：人类只是天地万物的一部分，人与自然是息息相关的一体。比如，中国人重团圆，以享受天伦之乐为人生之大喜，不像西方人那么讲求自我，有独立和冒险精神。这与兵法中所说的带兵之道不谋而合。

学校管理与带兵打仗是一样的，校长要用仁、礼来引导教师，而不是用冰冷的制度来约束教师，说白了，就是要在学校管理过程中，学会让教师享受管理。也许有的领导会说，如果我们的管理都从教师的角度出发，教师都学会享受了，那我们的工作还能完成吗？学校还不得变成一盘散沙呀，还能有人理会学校制度吗？其实不然。孟子曾说过：“爱人不亲，反其仁；治人不治，反其智；礼人不答，反其敬——行有不得者皆反求诸己，其身正而天下归之。”也就是说，爱别人却得不到别人的亲近，那就应反问自己的仁爱够不够；管理别人却不能够管理好，那就应反问自己是否足够明智；礼貌待人却得不到别人相应的对待，那就应反问自己的礼貌是否到位——凡是行为得不到预期效果的，都应该反过来检查自己，自身行为端正了，天下的人自然就会归服。虽然当前的精细化管理、无为管理、残缺管理、制度管理等一些管理理念已经深入广大管理者的心中，但是，有些管理者在运用相应的管理模式的时候，仍然会有力不从心、无所适从的感觉。这是为什么呢？其实一个根本的原因就是我们没有对教师施以仁爱，没有用仁、礼来引领教师，没有从教师的角度出发来思考学校的管理，没有让教师在学校里享受到来自领导的关心与爱护。作为校长，我们有没有反思自己对教师的礼貌够不够，仁爱够不够？是让教师服从学校的管理还是享受学校的管理？正如曾国藩所说：“持之以敬，临之以庄，无形无声之际，常有凛然难犯之象，则人知威矣。守斯二者，虽蛮貊之邦行矣，何兵之不可治哉！”作为校长，如果我们能坚持尊重教师，做到庄重而严肃地对待教师，教师自然也就会对我们恭敬。这样，在无形无声中，校长的威严就显现出来了。如果校长能做到这两点，还有什么学校管理不好呢？所以笔者认为，学校管理就是校长积极创设情境，努力营造氛围，让教师享受工作的快乐，以此来促进教师把学校的事视为自己的事，从而使学校管理达到“天人合一”的境界。

要想让我们的管理达到“天人合一”的境界，就要让我们的教师享受来自校长的尊重。每个人都有自尊心，这是人的本性。为人师者，重要的心理特征之一是自尊心强。教师能否获得尊重，自尊心能否得到满足将直接影响教师的工作状态，直接关系到教师能否拥有一颗以校为家的心。古今名将用兵，莫不以安民、爱民为本。《曾胡治兵语录》中曾经谈到：“盖用兵原为安民，若扰之害之，是悖用兵之本旨也。兵者民之所出，饷亦出之自民。索本探源，何忍加以扰害？行师地方，仰给于民者岂止一端；休养军队，采办粮秣，征发夫役，探访敌情，带引道路，何一非借重民力！若修怨于民而招其反抗，是自困也。”我们平时要给予教师充分的尊重，使他们在享受尊重的过程中做到以校为家，把学校的事都当作自己的事来处理。领导的信任和尊重可以转变为教师的精神支柱，这种精神上的激励常常比奖金更贵重。作为校长，我们要尊重教师的人格，不要整天板着面孔，更不要在公众面前斥责教师，即使教师有过错，也要选择适当的时机和他们谈心，指出他们的错误，给他们创造改正错误的机会和条件，让有错误的人在得到尊重的同时，也乐意接受批评。

要想让我们的管理达到“天人合一”的境界，就要让我们的教师保持并展现自己的个性。孟子说：“反身而诚，乐莫大焉。强恕而行，求仁莫近焉。”意思是说，反省自身发现自己是诚实的，这是最大的快乐；勉励自己依从推己及人的恕道行事，这是最近的求仁之路了。而推行“恕道”就是要求我们在平时的管理过程中，不要用一系列的条条框框来限制教师，而要让教师彰显自己的个性，只有这样，他们的工作激情才会与日俱增。比尔·盖茨在员工管理上有一个看似普通的招数——让员工张扬个性。在20世纪80年代美国华盛顿州雷德蒙市的微软总部里，所有员工都享有同等的十余平方米的单间办公室，里边有一台电脑、一张圆桌和几把靠背椅。员工在办公室里有放家庭照片的，有养花种草的，有摆放食品的，有放芭比娃娃的，还有养松鼠、养蟒蛇的……可以说，比尔·盖茨让员工的个性得到了充分的展现，也让员工享受到个性带给自己的快乐。当人带着一种快乐的心情工作时，枯燥的工作也会变得丰富多彩、趣味无穷，工作不再成为一种负担，而是一种享受。因此，校长要学会尊重教师的不同个性，保护他们的个性。“世界上没有完全相同的两片叶子。”学校里的教师，有着不同的家庭背景和生活环境，有着独特的成长经历与心路历程，在道德修养、学业水平、工作能力乃至个性爱好等方面，都是千差万别的，校长不可能更不应该把他们改造成一种类型的人。我们应该尊重他们的个性，承认差异，并且努力求同存异，让教师张扬个性，充分利用他们个性中的有利因素。我们要让教师变得更自尊、更自信，使每位教师心情舒畅，从而促使他们以学校工作为己任，把学校的事当作自己的事，全身心地投入工作。

要想让我们的管理达到“天人合一”的境界，就要让我们的教师学会享受学校的制度。现在有学校的管理过度依赖“自上而下”的层级管理，用严密的制度来约束教师，把教师牢牢束缚住。这样的刚性管理，漠视了教师的主体意识，缺乏对教师的人文关怀。记得有一位学者说过：“死的制度加上灵活的执行，是制度管理的最高境界。”为此，我在平时管理时，总是想方设法让教师能够享受到来自制度管理的快乐。我们作为学校领导，要经常采用换位思考、置换体验的方法，设身处地地了解教师的需要、苦衷和感受，让教师心中充满阳光，使教师心情舒畅地投入工作之中，这样，学校的整体工作才能做好。

要想让我们的管理达到“天人合一”的境界，就要让我们的教师会享受生活。孟子说过，同情心人人都有，羞耻心人人都有，恭敬心人人都有，是非心人人都有。同情心属于“仁”，羞耻心属于“义”，恭敬心属于“礼”，是非心属于“智”。这“仁”“义”“礼”“智”都不是由外在的因素带给我们的，而是我们本身固有的，只不过我们平时没有去想它而没有察觉罢了。许多校长为了追求完美的管理，总是想方设法让自己学校的教师以工作为第一，最好都能变为“工作狂”。其实这样做是很危险的，也许短时间内教师的工作激情与工作状态都能达到预期效果，但是时间久了，教师就会产生职业倦怠，等到那时候，再想提高教师的工作积极性就会难上加难。而让教师在常态中认真工作，要求教师除了工作好，生活也要丰富多彩，这样，教师的工作激情才会持久。为了充分发挥教师的工作积极性，学校在要求教师爱岗敬业、无私奉献的同时，还要切实关注教师的生活问题，让他们也能像其他人一样享受生活。校长要时时刻刻给予教师一些关怀、体贴或心理上的补偿，使他们感到温暖。我校在平时能够积极创造条件提高教师的福利待遇，切实帮助困难教师解决生活问题，在教师生日、教师节、元旦等日子送上一张贺卡，送上一份祝福，在教师退休时举行隆重的欢送仪式等，让教师没有后顾之忧，在享受生活的过程中，心甘情愿地为学校服务。

管理心得

学校管理是“三分管理七分情”。《诗经·大雅·烝民》中说：“天生烝民，有物有则，民之秉彝，好是懿德。”上天孕育了人类，万事万物都有法则。教师掌握了这些法则，就会有崇高、美好的品德，从而将这些品德延伸到自己的工作实践中。作为一校之长，我们需要用真挚、丰富的情感去感化、激励教师，通过将自己的情感与智慧作用于教师，营造出富有浓郁的人情味和有利于保持教师工作积极性的外在环境，激发教师的潜能，让教师享受来自工作的快乐，那么，我们就可以达到“天人合一”的管理境界了。

权衡轻重

——绩效考核要更重视教师的主体价值

《鬼谷子·捭阖》中说："捭之者，料其情也。阖之者，结其诚也。皆见其权衡轻重，乃为之度数，圣人因而为之虑。其不中权衡度数，圣人因而自为之虑。"句子的字面意思是，让对方开放，是为了侦察他的真情；让对方封闭，是为了坚定他的诚心。所有这些都是为了使对方的实力和计谋全部暴露出来，以便探测出对方各方面的程度和数量，圣人会因此而用心思索。假如不能探测出对方的程度和数量，圣人会为此而自责。其深层含义在于，拥有大智慧的人应该深谋远虑，根据实际情况权衡轻重缓急，针对具体情况制订恰如其分的对策，如果发现制订的对策有不准确的征兆，就不能再继续了，要想办法终止行动，重新考虑新的谋略。

这一段话中，鬼谷子阐述了在运用"捭阖"之术的过程中，权衡轻重缓急的重要性。其实，这也是我们在实施学校管理过程中遇到的一个最大的管理难点。在管理过程中，如果见面时双方都"封闭"自己，那大家就会面面相觑，交流就无法进行；而如果一见面自己就高谈阔论，根本不知道别人想听什么，则一定会招致别人的反感。同样，如果一见面就海阔天空，说了半天也没有涉及主题，那么交流的意义就丧失了。因此，拿捏好"捭阖"之术的轻重缓急是一个相当考验智慧的问题。

在学校管理过程中，我们都要学会权衡轻重。我们都知道，教师绩效考核制度是建设和谐校园，激发教师工作积极性与主动性的重要制度。但是许多学校在制订教师绩效考核方案的时候，存在着重管事、轻管人的倾向，不能权衡轻重，使本来创造性的管理成为机械性的管制，挫伤了教师的自尊心，使部分教师产生了逆反和对立情绪。我们在制订有效的教师绩效考核方案时，必须要权衡轻重，分清哪些条款是我们需要的，哪些是我们不需要的。权衡好轻重，我们的考核方案才能深入人心，执行起来才会比较顺利。

一、要开门征求意见，不闭门自悟方案

《曾胡治兵语录》中谈到："师行所至之处，必须多问、多思。思之于己，问之于人，皆好谋之实迹也。昔王璞山带兵，有名将风，每与敌遇，将接仗之前一夕，传令营官齐集，与之畅论敌情、地势。袖中出地图十余张，每人分给一张，令诸将各抒所见：如何进兵，如何分支，某营埋伏，某营并不接仗，待事毕后专派追剿。诸将一一说毕，璞山乃将自己主意说出，每人发一传单，即议定之主意也。次日战罢，有与初议不符者，虽有功亦必加罚。其平日无事，每三日必传各营官熟论战守之法。"王璞山带兵打仗都需要在战前与诸将交流兵事，没事的时候，每三日必定要与各营官讨论作战方法，而很多校长在制订一些方案时，总是关起门来自悟方案，从来不与教师讨论。比如，在制订教师绩效考核方案时，一所学校的校长亲自制订了方案，找几位副校长"论证"后，就在全校实行了。结果由于方案中很多条款不符合本校教师的实际情况，不具有可操作性，因此，考核过后，教师怨声载道。

我们无论是制订绩效考核方案还是学校的其他制度，都应开门征求教师的意见，而不是自己闭门自悟方案。也许一些学校领导认为，如果让教师参与制订，那么教师就会把自己的利益放在第一位，把学校的工作放在第二位，制订出来的绩效考核方案就没有实际意义了。其实不然。如果我们制订绩效考核方案时征求了群众意见，那么，我们的方案执行起来才不会有阻力。具体的做法：学校先召开教职工代表大会，由教师代表把学校的绩效考核方案带回去，组织教师进行讨论，再及时把相关信息反馈回来，最后由教职工代表大会共同研究决定。这样一来，

既消除了绩效考核方案的神秘感，提高了绩效管理的民主化水平，增强了绩效考核方案的合理性，又提高了绩效考核方案的可执行性。

二、要融入情感条款，不突显冰冷分值

“古今名将用兵，莫不以安民、爱民为本。”“带兵如父兄之带子弟一语，最为慈仁贴切。能以此存心，则古今带兵格言，千言万语，皆可付之一炬。父兄之待子弟，虑其愚蒙无知也，则教之诲之；虑其饥寒苦痛也，则爱之护之；虑其放荡无行也，则惩责之；虑其不克发达也，则培养之。无论为宽为严，为爱为憎，为好为恶，为赏为罚，均出之以至诚无伪，行之以至公无私。如此，则弁兵爱戴长上，亦必如子弟之爱父兄矣。”我们制定管理制度时，一定要融入情感，当教师体会到制度是从其角度出发制定的时，就会更乐于接受并执行制度。即使是按照制度来惩罚他们，他们也会心甘情愿地接受处罚。而如果我们的制度没有人情味，即使教师接受了这样的制度，也不能乐于执行。比如，一所学校为了防止教师无缘无故请假，在制定考勤制度时，规定请假一天扣一分，直到该项分扣完为止。当时，有一位教师的父亲去世了，请了五天的假。结果，他考勤只得了 3 分。当考核结果出来后，他伤心地说：“谁家没有老人呀，难道我们的考核就是为了钱吗？我们学校真的就没有一点儿人情味了吗？”这样的制度令人失望，时间长了，这样的制度也许会严重影响教师工作的主动性。

人与人之间离不开情感的沟通。领导者不但要具备科学的管理理念、理性的思维方式，更要注重“情感管理”，要让教职工心甘情愿地投入工作。上例中教师的“牢骚”告诫我们：在制订绩效考核方案时一定要全面考虑，要把“情感管理”融进来。这位教师请假，是因为他的父亲病故了，那么，如果换位思考一下，也许我们就会在制度中列一条：因直系亲属的婚嫁与丧事而请假，都可以不计考勤扣分。这样，当教师感觉到学校领导用热忱与真诚对待他们时，他们一定也会以相同的情感回应。这种员工与学校之间的情感投入和情感互动，会促进学校的持续发展。

三、要体现人文精神，不漠视主体价值

老子说过："将欲取天下而为之，吾见其不得已。天下神器，不可为也，不可执也。为者败之，执者失之。是以圣人无为，故无败；无执，故无失。"这几句话的意思是，要想治理天下，用强制的办法是达不到目的的。天下的人民是神圣的，不能够违背他们的意愿和本性而加以强力统治，否则一定会失败。用强力统治天下，就一定会失去天下。因此，圣人不妄为，所以不败；不把持，所以不会被抛弃。我们在制订绩效考核方案时，不要将自己的主张和意志强加于人。世间无论人或物，都有自己的秉性，其差异性和特殊性是客观存在的。优秀的校长往往能够顺其自然，因势利导，遵循客观规律。比如，现在的一些学校在制订绩效考核方案时，在思想道德考核方面，为了防止考核人员操作时有"老好人"态度，出现全校教师都是满分的现象，就要求把学校的教师三等分，规定三个等级的教师人数各占总人数的三分之一，严重违反法规校纪的一分不得。在具体操作中，有的学校会以教学成绩来划分等级，而有的学校则是学校领导在一起研究打分。这些做法都忽视了教师的主体价值，对学校管理无益。

作为校长，我们都要有这样一个理念，那就是学校的每一个管理过程都是一个促进教师成长的过程，不能漠视教师的主体价值。但是，在某些学校，无论教师自己如何任劳任怨，最后或因为教学成绩没上去，或因为不会与领导拉关系，分数就比别人少，这样的绩效考核方案漠视了教师的主体价值，缺少了对教师的尊重，成为教师发展过程中的阻碍，造成了教师群体内部的不和谐。所以我们在执行一些制度时，没必要一定分出等次来。比如思想表现得分，只要教师有师德，没有违反校规校纪或法律，我们都应给满分。这对于提高教师对自己主体价值的认识有促进作用，能让教师体会到，虽然自己的教学能力有限，但是学校仍然关心着自己，所以一定要继续努力，争取各个方面做得更好。

在这里，我只是列举了教师绩效考核工作中我们如何做到权衡轻重的例子。其实，在学校的每一项管理工作中我们都应学会权衡轻重，只有这样，我们的管理工作才会更加顺利地开展。

管理心得

“古之善用天下者，必量天下之权，而揣诸侯之情。”“敬以持躬，恕以待人。敬则小心翼翼，事无巨细，皆不敢忽。恕则凡事留余地以处人，功不独居，过不推诿。”校长不能忘记，教师首先是一个社会中的人，因此，我们的管理要从符合教师人性的需要、人格的尊严的角度出发，关心教师的生存状态，让教师体会到劳动的价值，让他们高效地做事，愉快地做事。

攻其无备

——人本管理，让教师自觉转变工作态度

《孙子兵法·始计》中说："攻其无备，出其不意。此兵家之胜，不可先传也。"意思就是，要在敌人没有准备的状态下实施攻击，要在敌人意想不到的时候采取行动，这是军事家制胜的奥秘，是不能事先传授的。

"攻其无备，出其不意"是孙武"权诈之兵"的精髓，是战术选择的总则。这一原则可以从以下几个方面来理解。在进攻发起阶段，可以在对手失去戒备的情况下，或者在对手料想不到的时间、地点，以对手料想不到的方式，实施突然袭击，在短时间里取得军事上的明显效果，并使对方在慌乱中作出错误判断，采取错误行动。在作战过程中，它又是一种避实就虚的制胜谋略，尤其是在敌强我弱的情况下，可以指挥军队攻击对手意想不到的薄弱环节，从而以弱胜强，以少胜多。因此，自孙武提出"攻其无备，出其不意"的原则之后，历代兵家都把它视为珍宝，推崇备至。

一般情况下，在战略上"攻其无备"，在于迫使敌人实行错误的计划与方针，采取错误的战略行动，以保证己方首次打击的效果；在战术上"攻其无备"，往往是指采取大胆而坚决的行动，巧妙地利用天时、地利，使用现有的兵力、兵器，抓住战机，以突然袭击的手段果断攻击，取得战争的胜利。例如，邓艾偷渡阴平，就充分利用了这一谋略。当年司马昭派钟会和邓艾两路大军伐蜀，钟会大路行军，而邓艾却出奇

偷渡阴平，如神兵天降突袭成都，迫使蜀后主刘禅投降，一举灭掉了蜀国，成就了盖世功勋。又如，公元 1660 年，郑成功为了收复台湾，一边积极做好东进的准备，一边麻痹荷兰统治者，避开荷军炮火控制下的“大港”，经由鹿耳门港直接在台湾登陆，把毫无戒备的 6 名荷兰士兵消灭后，成功地驶抵台湾，最后在台湾当地老百姓的帮助下，一举收复失地台湾。

这个战术不仅在古代的作战中适用，在我们的学校管理中也同样适用。要实现“攻其无备”，往往应假装采取一些行动，隐蔽自己的真实意图，造成“敌人”的错觉，从而在“敌人”失去戒备的时候，给“敌人”以突然袭击。例如，一些教师在工作上主动性不强，如果时不时地“攻其无备”，突击检查，让他们措手不及，几次这样下来，即使不去批评他们，他们也会感觉到不好意思，时间久了，他们就会主动工作，就会意识到“反正这些都是自己的工作，什么时候都得做，还不如当时就把任务完成好一点”了。

我刚到山河小学的一段时间里，总感觉学校的许多教师都是抱着“做一天和尚撞一天钟”的思想来应付工作，工作没有激情，没有主动性与创造性。当校长室的门锁上，校长不在学校的时候，他们就觉得自己自由了，课也不去上，就在办公室里闲谈或者干脆离校回家。如何扭转这种局面呢？我这个新上任的校长一直在苦苦思索着。刚开始，每次开会我都给他们讲道理，过后再与他们交流，但他们仍旧一如既往，没有一点改观。这也不是长久之计呀，如果每天都靠督查来促进工作，那还何谈可持续发展呢？经过一段时间的摸底，我知道有这类问题的教师是哪几个了，于是，一个计划在我心中形成了。我每天到学校后，第一时间就把校长室的门打开，但是自己却从来不进校长室。即使是到外面开会，我也会让人把校长室的门打开。这样一来，那些爱投机取巧的教师看到校长室的门开着，于是就老老实实地待在学校里。但是几天过去了，他们知道了我有时根本没在学校，于是胆子又大起来了，又恢复了以前的样子。一次，我突然到教室查课，这几位教师根本没在教室，我找到他们，让他们说一说不在班上的理由，只要合理，就不追究了。但一连几次，这几位教师总是被我抓个正着，于是就感觉不好意思了，行为也有所收敛了。我呢，看在眼里，但还是不说，只是把每天开着的校长室的门变成有时开，有时不开。有时门不开，校长却在学校里；有时门开着，校长却不在学校里，让这几位教师根本猜不着我葫芦里卖的是什么药。这样，他们又被我抓到了几次。这几次，我与他们交流时已经不再像以前那么和颜悦色了，而是直接指出他们的错误，并要求他们写检查。这几位教师感觉很没面子，其他教师也觉得这几位教师不知足，也不再像以前那样赞许他们的行为了。慢慢地，这几位教师认识到自己做得确实不对，以后，无论校长在还是不在学校，他们都能认真地工作了。随着时间的推移，教师的工作劲头也足了。这是我把“攻其无备”兵法运用到实践中的典型案例。

我们在运用这一兵法的时候，也要注意人性化。现在的学校管理主要是以人为核心的管理，是以每位教师充分发挥自主性与创造性为前提的管理。在学校管理中，哪些事务可以精细化，哪些事务需要人性化，校长需要在实践中理解和把握，要心里有数。精细化意味着刚性，而人性化则意味着柔性，这二者是辩证统一的。精细化管理在实施之初，更多的是一种规范与引导，久而久之，约束之下的行为就会变成一种习惯。当学校的各项工作和教师的工作习惯都已稳定后，作为学校的管理者，考虑的就不应是精细化管理，而是要更多地思考人性化管理了。所以，又有很多管理者提出了无为管理、残缺管理等，这些管理都是以人为本，以激发教师的自觉性为本的。人们在介绍江苏省南通市栟茶中学时，津津乐道的是校长的平民情怀、教师的合作与竞争、学生的吃苦乐学，却从来不谈制度。在介绍栟茶中学的各种材料中，一般都没有详细说明学校制度的部分，但是，在所有的材料中，却处处闪烁着制度文化的光芒。这就是制度管理的最高境界，不用显性的文本制度来约束人，而是让学校的规矩内化为教师的言行。用一句武术术语来说，就是“无招胜有招”。

老子说：“天下大事必作于细，天下难事必成于易。”无论是精细化管理，还是人性化管理，都要做到“事事有人管，时时有人管”，要变一人操心为大家操心，将管理责任具体化、明确化，人人都管理，处处有管理，事事见管理，而不是什么事都要校长一手抓。当学校的工作环境非常和谐的时候，我们也就没有必要“攻其无备”了，而可以让“用心工作，爱心育人，真心服务”的教育思想在管理中生根、发芽，这样，必然会推进学校教育教学工作踏上新台阶。

管理心得

“攻其无备，出其不意”，核心在“奇”，关键是“创”。运用这一兵法来管理学校时，校长要充分利用管理对象惯性思维的弱点，捕捉到对方的思想空隙，突破常规、常法和常识，反常用招，出奇制胜。

身先士卒

——校长首先是一名教师，要起好带头作用

《资治通鉴·隋纪》中说：“玄感每战，身先士卒，所向摧陷。”意思就是，在作战时将领亲自带头，冲在士兵前面，就会所向披靡，战无不胜。现在也用“身先士卒”来比喻领导带头，走在群众前面。

俗话说得好：“喊破嗓子，不如做出样子。”在晋朝傅玄的《傅子》中有这样的话：“以正德临民，犹树表望影，不令而行。”做领导的有端正的思想，就一定有正直的品德，用正直的品德来对待百姓，就像树起的华表能够看到影子一样，不令而行。无论是老百姓还是教师，对领导总是“听其言而观其行”的。其行善，其言才有力；其行不善，说的话也就没有人听了。作为领导，只有在做每一件事的时候都身先士卒，下属才能有干劲、有想法，才能够紧紧围绕在领导的周围去努力拼搏。

1883 年，法军从越南边境进攻中国，清朝老将冯子材奉命率军驻守镇南关。面对装备精良的法军，冯子材一点也不畏惧，积极备战，誓与镇南关共存亡。将士们深受感动，个个英勇作战。冯子材更是身先士卒，与法军进行肉搏战。最终冯子材率领将士打败了法军。试想，如果冯子材没有做到身先士卒，那么将士们还能坚定不移地与他一起打败法军吗?

这样的例子还有很多。以身作则、身先士卒一直是联想总裁柳传志坚持的信条。他曾经说过：“创业的时候，我给不出高报酬，就凭着我多干，能力强，拿得少，来吸引更多的志同道合的同志。”联想有一条

规定：开20人以上的会迟到要罚站一分钟，任何人都必须执行。事情很巧，第一个被罚站的人正是柳传志原来的老领导，柳传志和他都感到很尴尬。罚站的时候，这位老领导紧张得不得了，一身是汗，柳传志坐着也一身是汗。柳传志悄声对老领导说："您先在这儿站一分钟，今天晚上我到您家里给您站一分钟。"而柳传志本人也被罚站过三次，其中有一次，他被困在电梯里，咚咚地敲门希望有人听到后能帮他请个假，可敲了半天也找不到人，他出来后没作任何解释就自觉地罚了站。这就是柳传志，他认为示范的力量是惊人的。联想在柳传志的带领下，由一个只有20万元资金的企业发展为今天拥有上百亿资产的大企业。究其成功的原因，重要的一点就是柳传志要求别人做的，首先自己做到；禁止别人做的，自己坚决不做。正是如此，他真正地发挥出了领导者的影响力。绝大多数领导者，都非常希望有一支高素质的员工队伍。反过来，员工们则希望自己的老板是个事业上处处以身作则，靠得住、信得过的带头人。只有这样，员工们才会感到有奔头，才会死心塌地地跟着领导。正如著名管理学家帕瑞克所说的："除非你能管理'自我'，否则你不能管理任何人或任何东西。"

亚科卡就任美国克莱斯勒公司经理时，公司正处于一盘散沙状态。他认为，经营管理人员的重要职责就是动员员工来振兴公司。在公司最困难的日子里，亚科卡主动把自己的年薪由100万美元降到1000美元。榜样的力量是无穷的，很多员工因此感动得流泪，于是都像亚科卡一样，不计报酬，团结一致，自觉为公司勤奋工作。没过多久，克莱斯勒公司就发展成了拥有亿万资产的跨国公司。

其实任何一个企业或组织，只要全体成员上下一心，就能朝着既定的目标稳步向前。当然，只有领导一马当先，作出榜样，制度才能在企业中不折不扣地执行。

随着校长专业化的发展，为了建设好学校，一部分学校的校长事务多了，于是总感觉如果自己代课，一来会耽误学生的学习，二来会耽误自己管理学校的时间。在开学后，我们县一位分管教育的副县长在发言总结时说了这样一段话："你们作为校长，是学校的管理者，主要任务是办学，为老师和学生的发展创造环境、提供条件，为你们学校的可持续发展出谋划策。你们要用全部的精力与时间抓好学校的管理工作，而不应代课。你们想想，有一天，我这个县长到你们学校去了，如果你代课，正在教室上课，你是出来接待我，还是不接待呢？如果你出来接待，就对不起学生；如果你不出来，在情感上你又对不住我，因为我是县长呀。所以我想，作为校长，主要就是抓管理，只要你把学校的管理工作抓好了，也就行了。”也许这一段话正迎合了许多校长的心理，但我对此说法持不同的意见。如果我们校长不代课了，如何做到身先士卒，如何来对其他教师的课堂教学提出自己的意见和建议呢？长时间脱离教学第一线，我们还能看出教师教学质量的好坏吗？仅抓管理显然是不行的，因为你不代课，你就不可能去阅读课堂教学方面的书籍，那么你对教师课堂教学的评价就没有说服力，教师就不会信服你；如果你得不到教师的信服，你又能如何来管理教师，如何发展学校呢？

著名教育家苏霍姆林斯基曾说：“如果你想成为一个好校长，那你先得努力成为一名好教师。”校长，“师者之师”。现代学校管理理论认为，中小学校长必须具备良好的思想道德素质、较强的组织管理能力和较高的业务水平。其中，具备较高的业务水平强调的就是校长应该是教学的行家里手。孙双金是语文特级教师，也是江苏省南京市北京东路小学校长；吴辰是德育特级教师，也是江苏省江阴市华士实验学校的校长；王生是数学特级教师，也是江苏省启东中学校长。他们既是名校长，也是某一学科领域的带头人。实际上，许多校长都是教师出身，都具有较丰富的教学经验。所以我认为，从某种意义上来说，校长与教师这两种角色在一定条件下是可以相互促进、相互迁移的，二者的角色可以互补。校长在某一学科领域有深远的学术影响力，那也是管理学校的无形力量。校长忙于学校事务，还要坚持代课，这种身先士卒的精神一定会感染全体教师。那么，教师也会以校长为楷模，纷纷向课堂教学要质量。同时，校长与外界联系广泛，参加活动较多，对于学科教学也是有益的。

在学校工作中，教学工作是中心，课堂教学是关键。如果我们抓住了课堂，就抓住了学校工作的“牛鼻子”。因此，校长关注课堂、走进课堂的意义就非同寻常了。校长走进课堂，也就走进了教师的心中。校长带头上示范课，让教师知道校长也是懂教学的内行，教师才会感觉到这样的校长是最可亲可敬的，从而会以校长为自己的榜样。我是一名小学校长，一直坚持教两个毕业班的数学课，并且教学成绩在全镇各类考试中都名列前茅，我管理的学校各方面工作也都名列全镇前列。我用自己的教育人格与教育艺术感染了我校的教师，让他们都能心往一处想，劲儿往一处使。曾经有一位教师这样说过：“校长都能深入课堂，代好课，我们还有什么理由不拼命干呢?”

我们作为校长，应该在做好学校的长期与近期规划后，引导教师实行自主管理，而自己则要深入课堂，提升自己的教学水平，以身作则，身先士卒，以此来感染教师，我想这就叫作“无为管理”吧。

管理心得

子贡问孔子如何做一个君子，孔子说：“先行其言而后从之。”也就是说，对于你要说的话，先实行了，再说出来。校长在学校管理过程中或者刚开始做一件事的时候，一定要身先士卒，不能光说不做。这个时候，校长既是演员，要上蹿下跳自己演，又是导演，要引领别人去做。当学校发展步入正轨之后，我们就可以放手让其他人自己完成工作，而校长只要起带头作用就行了。

假痴不癫

——想教师所想，满足教师的心理需求

《三十六计·假痴不癫》中说："宁伪作不知不为，不伪作假知妄为。静不露机，云雷屯也。"意思就是，宁可假装不知道而不行动，也不可以假装知道而轻举妄动；暗地里谋划却不露一丝声色，就可以隐藏自己的真实意图，让人看不出任何蛛丝马迹。这便是"假痴不癫"，是一种表面痴呆、暗里充满智慧的伪装行为，能起到迷惑对方的作用。"假痴不癫"就是利用政治谋略，也就是韬晦之计，在形势不利于自己的情况下，表面上装疯卖傻、碌碌无为，以迷惑对方，最终摆脱困境，实现自己的政治目标。

"假痴不癫"用在军事上，表现为虽然自己具有相当强大的实力，但故意不露锋芒，显得软弱可欺，用以麻痹敌人，骄纵敌人，然后伺机给敌人以措手不及的打击。除此之外，此计还可作为"愚兵"之计来治军。表面装糊涂，其实很清楚，假装不行动，实际上是在暗中策划，等待时机。如司马懿假病夺兵权，当时机不成熟时，决不轻举妄动；孙膑装疯骗庞涓，最终逃离虎口，成就一番大业；狄青在征伐壮族首领侬智高时，以两面钱来装神弄鬼，让士兵误以为有神相助，于是士气大振；等等，这些都是典型的例证。

"假痴不癫"用于学校管理之中，表现为管理者本来想让教职工达到自己的管理目标，但是却假装不知道他们的心理愿望，而是等他们主动来找自己，从而激发他们做成事、把事做完美的激情。

我们学校中教学楼通往厕所的一条路原来是全体师生亲手在校园内捡碎砖头铺起来的，高低不平，时常有学生被露出的砖块绊倒，而且这条路在阴雨天还会被雨水淹没，存在很大的安全隐患。于是，我决定铺一条水泥路，这样，既方便了全体师生上厕所，而且还可以减少安全隐患。经过校委会研究，学校准备通过招标的方式来确定谁来铺这条水泥路。当时，我们学校的教导主任对我说：“我们学校有几位教师做泥瓦活还是非常不错的，工程又不太大，就包给他们吧。这样做的话，一来可以让他们增加一点儿收入来补贴家用，毕竟他们都是农村单职工，挺不容易的；二来也可以温暖他们的心，便于以后的管理。”我想，这样也行。但是我当时没有明确表态，只是说：“我担心他们不是专业的建筑工人，做起来工程质量不好把握。”教导主任听了我的话，也没再说什么。就这样，一连几天，我也不提铺水泥路的事，所有教师都不知我葫芦里卖的是什么药。其实我是在等一个时机，我也想把这一工程承包给本校的教师，因为我知道他们的泥瓦手艺非常不错，他们在假期还经常跟随着工程队做活，承包给他们一定不会出错。但是这不能由我一个人来安排，因为我想让他们自己提出来，让他们有一种强烈的内驱力来完成这项工程。所以我假装不知道他们会这门手艺，只是在办公室里经常有意无意地提起这件事，是安排呢，还是实施招标呢？如果有人能既做得好，又让学校少出钱，就把这项工程包给他们。就这样，一个星期过去了，正好快到清明节放假的时候了，这几个教师还是没有动静。于是，我在办公室最后说了一句：“还是找校外的人来做吧，这样既可以不留情面地把好质量关，还可以讨价还价。”这时候，其中一位教师坐不住了，站起来说：“皮校长，你看能不能把工程包给我们几个教师来做，我们保证路面质量，如果不过关，你可以拒绝付钱。”看来，我的计谋快要实现了，但是我还是不动声色地说：“是呀，我也想承包给你们几个，但是你们真能保证质量吗？”他们说：“这个你放心，我们经常做泥瓦活，质量可以保证。”“那工钱呢？”我又说了一句。这时，这位教师明显有点急了，就说：“这条水泥路你承包给外面的工程队来修，至少得 4500 元，现在，我们只要 3800 元，你看如何？”我一听，当时就拍板说："好！那就承包给你们，清明节三天假期你们就不要休息了，把学校的水泥路铺好，施工期间我会来监督的。如果铺得不行，你们可不要怪我不给你们钱哟！"说完，我们都高兴地笑了起来。我们都对这个方案很满意，教师们可以额外增加一些收入，我也不用担心工程质量。

清明节假期期间，我回老家扫墓，顺便又赶回学校，看他们的路铺得怎么样了。到了学校之后，我看到他们正干得热火朝天，也想加入他们的行列，但他们说什么也不让我干，并对我说："你一身干净的衣服，不要弄脏了，我们这可都是工作服，你那不是工作服，不许你加入我们的行列。"我笑着说："是不是担心我帮你们干活，会跟你们要工钱呀？放心吧，不会的，我一分钱都不要，你们就当我是锻炼身体不就行了？"他们听了我的话，又大笑起来，说："好吧，只要你不怕水泥弄坏你的衣服，你就干。"我当即说："我也是农村出身的人，也经常做农活，说句实话，我六岁的时候就天天跟着父亲下地干活，他夜里起来牵牛耕地，我就在前面为他拎马灯照明。中考前一天，我还在家中收麦子呢！下午你们铺完路，也和在农村建房一样，咱们一起吃一顿饭，我招待你们。"说完，我拿起水桶就去挑水。在挑水的路上，我听到了他们对我的赞赏声，而我也明显感觉到他们的干劲更足了。晚上，我兑现了承诺，在小饭店请他们吃了一顿。

我们都知道，现实生活中充满了不确定性，这就要求我们懂得进退的技巧。"假痴不癫"正是一种高超的智慧和有效的军事行动策略。

管理心得

在学校管理过程中，我们有时可以把自己的真实意图表露出来，还教职工一个坦诚、透明的校长；有时也要学会"假痴不癫"，隐藏自己真实的意图，因为学校管理更多体现的是我们如何经营"人心"。正所谓"人心齐，泰山移"，一次简单的小工程，就可以把教师的心凝聚起来，带给我们前进的动力。

依法循规

——依法治校，尊重学生人格尊严

《墨子·法仪》中说："天下从事者，不可以无法仪；无法仪而其事能成者，无有也。虽至士之为将相者，皆有法。虽至百工从事者，亦皆有法。"说的就是天下办各种事情的人，不可能不遵守法则；不遵守法则而又能办成各种事情的人，是从来没有过的。即使是士人做了将相，也要遵守一定的法则。即使是从事各种行业的工匠，也要遵守一定的法则。

我们在学校管理过程中，同样要遵守一定的法则，如果不遵守相关的法律法规，那么，学校的管理就会变成人管、物管。下面举几个例子来谈一谈在学校管理过程中依法循规的重要性。

案例1：

河南某所高中的赵老师对上课违纪的学生试用了一种新的惩治办法——用相机将学生的表现照下来或者录像，由此引发了学生的极大反感与争议，有的学生甚至在意见建议簿中留下了"令人讨厌!!!""偷拍，眼中还有法律吗？还有我们高中生的尊严吗？"等言词。

学校对赵老师的行为表示认可，认为这样做可以提醒其他学生在平时上课期间要遵守课堂纪律，并在学校加以推广，想以此来让学生好好学习。殊不知，学校与赵老师的这种做法是一种违法行为，学校与赵老师都有不可推卸的责任。

1. 学校的责任。《中华人民共和国未成年人保护法》第十三条规定：

“学校应当关心、爱护学生；对品行有缺点、学习有困难的学生，应当耐心教育、帮助，不得歧视。”河南这所学校的领导无论发现还是没发现赵老师的这一行为，都负有领导与管理不力责任。如果没发现，说明这所学校的管理还存在空白，管理者没有真正走进学校的最基层；如果发现了赵老师的这一行为，但是却没有制止，那么同样违反了法律。

2. 教师的责任。《中华人民共和国未成年人保护法》第十五条规定：“学校、幼儿园的教职员应当尊重未成年人的人格尊严，不得对未成年学生和儿童实施体罚、变相体罚或者其他侮辱人格尊严的行为。”《中华人民共和国义务教育法》第二十九条也有同样的规定。赵老师的行为侵犯了学生的合法权益。不去问学生为什么睡觉，不去过问自己的教学为什么吸引不了学生，而是粗暴地用拍照和录像的方式来“提醒”学生，难道赵老师认为这样学生就会认真学习了吗？其实这样做，是对学生人格尊严的一种侮辱，是对学生心灵的一种摧残，这样做只会让学生每天都带着恐慌的心情学习，而不能为学生创设一个和谐的学习环境。

对于学生上课违纪，我们应先分析学生为什么会违纪，是学生不喜欢听自己的课，还是其他原因。如果是前者，那么我们就应该提高自己的课堂教学水平，让学生喜欢自己的课；如果是后者，一定要帮学生分析原因，对症下药，让他们摆脱这个坏习惯。同时，我们要“蹲下身子”与学生平等地交流，做学生的知心朋友，营造一个和谐的课堂氛围。

案例 2：

一所学校为了防止学生在校园内发生意外，就在校园内的活动场所安装了摄像头。学校这样做还有一个目的，那就是当意外真的发生时，也好为处理事故提供依据。但是，这种做法也存在一些问题。

首先，它反映了我们学校教育的失败。安装摄像头，就是想把学生的一举一动拍摄下来，好为处理事故拿出证据，或者为处理事故争取时间。但是我们反过来想想，学生为什么会发生意外事故？我们平时是如何对学生进行安全教育的？这就折射出了我们平时的安全教育不到位的现状。就学生管理而言，只要学校领导每天在校园内多转几圈，在人多、易发生拥挤的地段、时段，多派些值日教师把守，多照顾学生，比什么“电子眼”都更直接、更有效。

其次，它不利于学生的成长。把学生的行为摄录下来，本身就是侵犯学生隐私权的一种表现，是对学生的人格的不尊重。试想，学生在玩耍的时候，心中总要想着被人监视了，那么，他们还能快乐地玩吗？这无疑会在学生的心中留下一些阴影。

最后，学校是教育人的地方，是促进学生全面发展的地方，摄像头即使拍到了学生违反校纪的现象，我们也只能从教育的角度来解决这样的事情，这还不如我们从一开始就教育学生要文明游戏，这样既可以为学校节约一笔费用，也能使学生在学校无拘无束地生活与学习。

案例 3：

2013 年 4 月 20 日的四川雅安地震给当地人民带来了巨大的灾难，全国各地人民都纷纷捐款抗震救灾。如何让学生把自己的爱心最大化？为了解决这个问题，一所学校模仿电视中慈善晚会的形式，把学生的捐款数额也公布出来，想以此激起学生更多的爱心。但是这样一来，却给一些家庭经济困难的学生增加了压力，因为他们家中没有太多的钱，当看到其他学生一捐就是自己几十倍的时候，无形中就会使这些学生的心里蒙上自卑的阴影，使原本作为学生爱心行动的行为演变成了学生之间相互攀比的行为。

让学生捐款献爱心，既是对学生的思想教育，又是对受捐人的一种爱心行动。但是，学生的思想认识还没有达到一定的高度，捐款行为往往演变成一种强迫行为，而不是学生的自觉行为。像前面提到的这所学校的捐款活动，就起不到它应有的教育作用。同时，这也违反了相关规定，把本来很好的一次爱心行动变成了一个满足虚荣心的活动，这与我们的教育思想与教育法规是格格不入的。我认为要做好这件好事，首先是不要把全校学生的捐款数额全部公示出来，而是公布捐得比较多的几位学生的名字，让他们上光荣榜。捐得多的学生，大多都是家中有钱的学生，让他们上光荣榜就能更加激起他们的爱心。同时，还可以让他们在捐款的时候谈体会、谈想法，把捐款活动作为一次思想品德教育活动。其次是对于一些家庭贫困的学生，即使他们捐得很少，也要公示出来，但是要把他们的家庭情况与他们的事迹一并写出来，以引起学生的共鸣。而其余大部分学生的捐款数额则不宜公布。这就既保护了学生的自尊心，又起到了激励学生热情捐款的作用，同时也对学生进行了一次很好的思想品德教育。

上面的三个案例从某种程度反映了我们在学校管理过程中没有注重相关的法律法规，从而造成了违规甚至违反法律的行为。所以，在学校管理过程中，我们作为管理者，一定要先研读与学校教育有关的法律条文或文件规定，以这些条文来指导我们的工作，做到不违法，不违纪，依法治校。

管理心得

依法治校是当前提出的重要的学校管理法则。如何做到依法治校？我们要先研读相关法律，然后把依法治校的理念贯穿到平时的学校管理过程当中，使任何一项管理工作都能做到有法可依，有章可循，这样我们的学校才能健康有序地运转。

因敌制胜

——尊重教师意愿，提高教师工作积极性

《孙子兵法·虚实》中说："夫兵形像水，水之形避高而趋下，兵之形避实而击虚。水因地而制流，兵因敌而制胜。故兵无常势，水无常形，能因敌变化而取胜者，谓之神。"意思就是，用兵作战形式的规律就像水流动一样，水的流动是避开高处而流向低处，用兵作战取得胜利，是由于避开敌人的"实"而攻击敌人的"虚"。水因地形的高低而决定自己的流向，作战则应根据不同的敌情而决定采取相应的制胜之策。因此，用兵作战没有一成不变的战场态势，正如流水没有固定的形状和去向，能够根据敌情改变作战策略而获得胜利，才能叫作用兵如神。

《孙子兵法·虚实》中的这些论述指出战争充满了不确定性。其实，这种"虚虚实实"也是对我们整个学校管理过程的描述。我们在进行学校管理时，要知道所有事物都是在不断发展变化的，不确定性是周围环境的一种常态，并在此基础上妥善应对，从而创造成功的发展机会。

比如，"推门听课"是当前许多学校的领导最热衷的一种听课方式，他们想以此了解教师教学工作的真实状况，并把它作为提高教师工作积极性的重要法宝。这种方法到底好不好，也是仁者见仁，智者见智。实际上，所有事物都有正反两方面，既有它先进的一面，也有它落后的一面，关键是我们要用发展的眼光来看待"推门听课"。孙子说过："势

者，因利而制权也。”意思是说，所谓“势”，就是根据自己的原则，灵活机动地运用兵力获得战争的主动权。有些时候，“推门听课”在这所学校可以起到激发教师工作积极性的作用，而在那所学校却会引起教师的不满；在这个教师身上实施能激起其工作热情，而用在另外一个教师身上则可能会起到很坏的效果。所以我们必须依据学校或教师的“势”来确定是否“推门听课”，不能武断地一刀切，对所有的教师都实行不告知的“推门听课”。“推门听课”要因校、因人制宜。

部分农村中小学没有优秀的师资，大部分教师都是以前的民办教师或合同教师转制的，而且他们生在农村，有时还要照顾家中的田地，他们既没有好的教学艺术，也没有好的教学技术，工资待遇也不高，全凭一颗对教育、对学生的责任心和爱心来工作。在这样的学校里，坚守岗位本身就是一种奉献。因此，对他们采用的管理措施就应该稍微平和一些，“推门听课”最好不要用在他们身上。

一些知名度很高的品牌学校如果要始终保持较好的社会声誉，势必要求学校内部具有良好的运行机制。在这些学校里，绝大部分优秀教师并不需要非常严格的“他律”，把教育作为自己终身事业的教师也大有人在，他们始终坚持着认真而积极的工作态度。但是，学校里肯定还会有一些工作相对被动，把教书作为副业而把主要精力放在校外其他事情上，需要“他律”的教师。对这些教师，就需要用一种制度或者机制去鞭策，采取一些比较强硬的措施也就在所难免。对管理他们来说，“推门听课”就是一种较好的评价方式。总之，对于相对懒散、工作被动的教师，校长要经常“光顾”，随时去“推门听课”，用外力来激发他们的内在动力；而对于工作自觉、能主动完成教学任务的教师则要多一点信任，少一点监管，要少去或不去“推门听课”。

我看到过一篇题为《由英国小学教师的“备课”说起》的文章，文中提到作者在去英国的一所小学参观时，学校校长说了这样一段话：“作为校长，我从没查过教师的教案，但我会在征得教师同意的情况下，走进课堂听课，去‘听’教师的教案设计，去‘听’教师的教学准备，去‘听’师生互动的展现，那更真实，更有意义。”参观的中国教师听了这席话很是费解，于是反问：“如果教师不同意进他的课堂呢?”那位校长说：“那我便不进他的课堂。过些天，我会再问他，几次‘恳求’后，他就会欣然同意的。”结合这段对话，经过反思，我认为我们的“推门听课”应注意以下几方面。

首先，在开学初要召开全体教师会议，把“推门听课”的意义、实施方法与全体教师交流，争求他们的意见，防止教师到时候有抵触情绪。其次，校长要注意，不要光是自己一个人来听课，而要抽调一批骨干教师，组成若干小组，与自己一同听课，这样听课后与教师一起交流，才能起到发扬优点、改正不足的目的，使教师在这个过程中快速成长为一名优秀的教师。最后，变“推门听课”为“随堂听课”。我们在准备听课前两分钟，应与被听课的教师交换一下意见，与上课教师一起走进教室，不要等教师开始讲课了再进教室，应该像那位英国校长一样，不经过教师的同意不要进课堂听课。这样，就不会给教师造成心理压力，既能使干群关系和谐，也达到了听真实课的目的。

《老子》第二十四章中说：“企者不立；跨者不行；自见者不明；自是者不彰；自伐者无功；自矜者不长。”这告诫我们这些管理者：踮起脚尖想要站得高，反而站立不住；迈开大步想要前进得快，反而不能远行；自逞己见的反而得不到彰明；自以为是的反而得不到显昭；自我夸耀的建立不起功勋；自高自大的不能做众人之长。这些都是轻浮、急躁的举动，都是违反学校管理规律的，在短时间内可能会起到作用，但是不能长久。我们在管理学校的过程中应该依据自然法则，根据学校实际情况来采用不同的管理方法，也就是兵法中所说的“因敌制胜”。毋庸讳言，在不少中小学，敷衍了事的课堂教学情况是客观存在的，在“一切为了学生”理念的指引下，我们的确需要研究一种机制来促进教师尽可能把每一堂课都上好。但是，我们在提高教师综合素质的时候，也要坚持“因校制宜，因人而异”的原则，这样才会使我们的学校工作稳步地向前发展。

管理心得

世界上没有两片完全相同的树叶，生活中没有完全一样的人。同样的一种管理方法，也许适合这个人，但却不一定适合那个人；也许适合这所学校，但却不一定适合那所学校。我们在管理时要针对每所学校、每个人的特点，采用不同的管理策略，务求达到最理想的效果。

明修暗度

——合理引导，激发教师个人潜能

《三十六计·暗度陈仓》中说：“示之以动，利其静而有主，益动而巽。”就是说故意采取佯攻行动，利用敌人在此固守的时机，分兵迂回敌后发动突袭，乘虚而入，出奇制胜。引申开来，是指用明显的行动迷惑对方，使人不备的策略，也比喻暗中进行活动。这就是所谓的“明修栈道，暗度陈仓”。有时也可将“明修栈道”省略掉，把“暗度陈仓”单独使用。

“明修栈道，暗度陈仓”出自于元代无名氏《暗度陈仓》第二折：“着樊哙明修栈道，俺可暗度陈仓古道。这楚兵不知是智，必然派兵在栈道守把。俺往陈仓古道抄截，杀他个措手不及也。”它是古代一种非常规的用兵法则，是一种军事谋略。秦朝灭亡以后，项羽自称西楚霸王，并大规模分封诸侯。刘邦被封于汉中、巴蜀一带，称汉王。刘邦当时没有实力与项羽抗衡，又担心项羽对自己不放心，于是在前往封地的路上下令烧毁沿途栈道，表示自己今后将安安稳稳地做一个诸侯，不会率兵东进挑战项羽的地位。后来楚汉战争爆发，刘邦向东发展势在必行，而东进则有一明一暗两条路可走，明路的栈道早已烧毁，暗路大多为崎岖的山路。项羽为了防止刘邦东进，特意派秦军降将章邯驻守陈仓。为了夺取陈仓，韩信建议派人佯装重修栈道，然后暗中走小路偷袭陈仓。于是刘邦派樊哙带着一万人明修栈道，自己与韩信率十万大军进军陈仓，最后大获全胜，打开了通往关中的战略要道。刘邦“明修栈道”正是为了掩盖其“暗度陈仓”的真实意图，堪称军事史上的经典战例。这一计策在今天的学校管理中同样可以借鉴。一般来说，人们都会为达成某种目的而制订周密的计划，并积极行动。如果校长这样做，别人就会从校长的种种表现当中窥测校长的目的，于是，他们心里就会起疑：校长现在怎么了？为什么天天神情不对劲呀？是不是出了什么事呀？是不是要准备什么大动作或处理哪一位老师了？这些情况可别摊到我身上呀……别人有了这样的想法，自然会像防贼一样防校长，校长的日子也就不好过了。

在学校管理中，比的就是谁能够沉得住气，也就是要理解职场中的“紫格尼克效应”。人们对已完成的工作容易健忘，因为“完成欲”已经得到满足，而对未完成的工作则会念念不忘，这就是所谓的“紫格尼克效应”。我们都知道，有些事情是好做不好说的，如果不做就不能实现自己的目的，做了又会遭到批评，这样的话，就需要运用谋略来掩人耳目。不要指望所有人都理解自己的做法，只要自己认为是对的，就要坚定地做下去。因此，隐藏自己的真实意图是为了避免出现不必要的麻烦，或者至少可以将麻烦的程度降至最低。这正是“明修栈道，暗度陈仓”的思想精髓。

一天下午，我正在办公室撰写文章，我校的王老师来到我面前，对我说：“皮校长，我后年评职称，你经常发表文章，能不能帮我写篇论文发表？”当时我望着王老师期待的眼神，心想，这是在让我做一件我向来不耻的事，就是学术造假！况且，目前很多教师每天只知道教书，都懒得动笔。现在，如果我帮王老师写了一篇论文并发表了，他一定会很感激我，但是，如果其他教师也来请我帮他们解决论文发表的问题，我是不是都要帮他们解决呢？我作为校长，每天都在学校大会小会上要求教师要走专业化发展道路，可教师们连一篇论文都写不出来，何谈教师的专业化发展呢？但是如果不帮他，会不会给我的工作带来负面影响？会不会造成王老师对我的误解，使他认为我这个校长不关心下属的生活与工作？这种矛盾的想法在我的脑海中转了几圈，最后我心里才逐渐明朗起来。教师不想写论文，或者说不敢写论文，那说明我平时对他们的引导不够，没有激发出他们写作的欲望，或者说没有营造好写作的良好氛围，这也是我工作的失误。那我就从王老师的事例入手，引导全体教师学写论文吧！于是，我对王老师说：“这个不行，因为论文毕竟是一个人理论功底的体现，你不能把平时的工作实践提升到理论高度，说明你还没有达到专业化教师的水平。论文我不能帮你写，但是你可以自己写好之后，拿来让我帮你修改。”他说：“我不会写，不知道该怎么写。”我对他说：“你每学期都写过多篇教育教学反思，我曾经读了几篇，感觉非常好，只是观点没有提炼出来。你可以把这些教育教学反思拿出来再反复研读，也许就能写出一篇好的文章来。”王老师听了我的话，不声不响地走了。我知道，他心里可能对我这个校长有点不满，觉得我连这点小忙都不帮，真是太不够意思了。

王老师走后，我也在反思，不少中小学教师各方面素质都不错，唯独写作的功力不足，头脑里“星空灿烂”，口头上“天花乱坠”，却写不出条理清晰、观点独到的文章来。在江苏省宿迁市开展“师德生规”教学活动期间，我看到许多教师的教学随笔都写成总结的形式，根本没有一点论文或随笔的因素在里面。通过再三思考，我决定在学校开展一次“学写教学反思”活动，要求每一位教师每周写一篇教学反思，并规定，只要是来自于自己教育教学实践的文章，属于自己原创的作品，无论字数多少，每篇一律奖励 15 元。教学反思可以是课堂实录、教育故事、教学随笔、教育心得、教育案例等，可以是课堂教学中的成功或失败的案例，也可以是教育学生过程中产生的新思想、新理念、新艺术。我这样做的目的是想让他们做到“有思即写”“以写促思”，多写、多思。每位教师每周写的教学反思，全部交到我这儿，我帮他们修改，提炼其中的观点，修改后再交由他们重新写。同时，我要求所有教师做到“三勤”“二善”。“三勤”即勤记、勤思、勤读；“二善”即善于锤炼、善于捕捉主题。虽然这项工作占用了我许多时间，但是看到我校教师的成长与发展，我感觉这样做是值得的。

在以后的一段时间里，虽然有些教师中途想打退堂鼓，但是一听到我在大会小会上表扬写得多、写得好的教师，看到别的教师从学校领来写作奖金，他们就觉得，为什么别人能写出来，而我却写不出来？我的水平又不比别人差。这样，他们就又重新燃起写作的欲望。同时，看到我在他们的教学反思上密密麻麻的修改文字后，他们又重新拾起了写作的信心。一个学期过后，我感觉全体教师的写作能力明显提高了。于是，我在“教育在线”论坛上开了一个主题帖，让教师把自己的教学反思发到那儿去。一开始，许多教师找到我说：“不行，因为我们写得不太好，发到网络上，人家看到后会笑话的。”我说：“不用担心，没有人会笑话你们的。再说，我一个人的力量毕竟有限，让更多的人来指导，不是更好吗？”在我的鼓励下，教师们陆续在我开的主题帖上发帖了。我一有时间就在“教育在线”上与他们交流，有时甚至交流到深夜。

功夫不负有心人。在我的引领下，学校教师从一开始冲着那 15 元每篇的奖金而写作到现在不给钱也想写了，因为他们已经尝到了写作带给他们的快乐。一年过去了，我校教师共在省级以上刊物发表文章 11 篇，有 15 篇文章在各种论文评选中获奖。用一位教师的话来说：“不是校长的‘修’与‘度’，我们可能还停留在‘教书匠’的水平上。”

在学校的人际交往中，领导为了说服教职工可以采用“潜隐说服”的方式，可以把潜在的要求作为平时与大家交流的话题，再通过“暗度陈仓”来达到自己的预期目的。比如我在平时经常与教师们谈论写论文的好处，以此来引领他们喜欢上写作，引导他们从思想上重视写作，这样就可以让对方在不知不觉中接受我的观点。这就是我们平时所说的“潜隐说服”。世界潜能大师博恩·崔西曾经说过，潜意识的力量比意识大三万倍以上。因此，我们作为学校领导者，在平时与教职工交往的过程中，如果能出色地运用这种潜意识的力量，“明修暗度”，效果往往很好。

管理心得

校长应让“写”成为教师的一种习惯，一种乐趣。只有通过“写”，才能将感性的思维状态提升至理性的高度，才能促进教师积极反思，使平常零散、肤浅、无序的思考得以系统、深刻、有序。同时，校长要用自己的真心、真情为教师服务，这样做，一定会换来教师的百倍回报。

顺手牵羊

——巧用时机，激发教师工作热情

《三十六计·顺手牵羊》中说：“微隙在所必乘，微利在所必得。”意思是发现敌人微小的漏洞，我方必须抓住时机加以利用；再微小的利益，我方也要争取。这就是“顺手牵羊”中阐述的要义。

“顺手牵羊”从字面来理解是顺手把人家的羊牵走。比喻趁势将敌人捉住或乘机利用别人。“顺手牵羊”还有一层内在的意思，即某个人在操作一项技能的时候已经达到了十分娴熟的境界，所以能“顺手牵羊”。在平时的学校管理工作中能不能做到“顺手牵羊”，不仅取决于我们管理者有没有寻觅机遇的灵活头脑，而且取决于我们有没有善于“牵羊”的能力。也就是说，我们事先应知道有没有“羊”，否则，即使有了“顺手”之机也牵不回“羊”，空留遗憾。

我校一位教师的孩子考上大学了，学校的教师周末到他家祝贺。到他家后，我们就坐在桌旁闲聊。谈到教学工作时，李老师说：“我这学期还要力争教学成绩名列全镇前三名。”在我们学校工作不到两年的陈老师说：“如果你的教学成绩能名列全镇前三名，那么，我教的四年级两个班的数学成绩保证一个第一，一个第二。”看着他们那一脸坚定的样子，我的心里别提有多高兴了。特别是陈老师，他能说出这样的话，更让我感到意外。他们的谈话，把我的思绪带到了 2004 年 9 月刚开学的那一段时间。

那年的开学前夕，陈老师找到我，说想到我校教书。我知道他以前因为合同教师的工资低，就办了停薪留职去苏南打工。因为现在只有在岗的合同教师才能转正，所以他想回来上班。但他已经脱离教师工作岗位近五年了，还能胜任教师的工作吗？我真有点担心。但是不接收他，他如果再离岗的话，也许真的就会被教育部门除名。他似乎也看出了我的心思，对我说："皮校长，我也知道长时间脱离教师工作岗位，对工作会有些生疏，如果你感觉我不能教主科的话，我教小科目也可以。另外，学校的一些杂事也可以由我来做。我也知道你是一个体恤下属的校长，在你手下工作的人都是幸福的人。"听了他的话，我知道他这样说是为了能让我同意留他在学校工作。接收他还是不接收，我在犹豫。孟子的一句话回响在我的耳畔："人之有德、慧、术、知者，恒存乎疢疾。"也就是说，人的品德、智慧、本领、知识，往往产生于灾患之中。我知道，他原先想到另一所学校去任教，但是没有成功，至于原因我就不知道了。我想：既然他已经了解到自己的不足，那么他就会有上进心，就能把工作做好。当时，我就对他说："虽然你长时间没在教学第一线，但是你还有积累了多年的教学经验，希望你能给自己一个机会，来证明你行。我想让你教四年级数学，而且是两个班的。如果在教学中有什么困难，你可以向我提出，我会竭尽全力帮助你。我相信，你一定能成功。我希望分享你的成功。"他听完我的话后立即表态："校长，你这么相信我，我一定不会让你失望的。"我没有说什么，因为我已经从他自信的目光里看到了他教好两个班数学的决心。后来，我担心他不能够适应新课改的课堂，还会使用以往那种陈旧的课堂教学模式与方法，所以在平时的教学中，我经常会有意识地创造机会让他与其他教师在一起交流，相互学习，研究教法。一个学期之后，他教的两个班级的数学成绩在全镇排名中一个是第三名，一个是第四名；第二学期，他教的两个班级的数学成绩在全镇排名中一个是第一名，一个是第二名。他没有辜负我对他的信任。

正当我沉浸在回忆之中时，教师们又发话了，这个说能考第一，那个说能考第二。听着他们热烈的讨论，我很感动，最后我说："行之而不著焉，习矣而不察焉，终身由之而不知其道者，众也。"教师们一听我说出这么一句话，就问：“校长，你这句话是什么意思呀？你想说什么你就直说，我们一定会听你的安排，你就不要再和我们咬文嚼字了。”我说：“这是孟子说的一句话，意思是做一件事不明白为什么要做，习惯了不想想为什么习惯，一辈子随波逐流不知去向，这样的人是平庸的人。你们的决心让我感觉到你们一定不想做一个平庸的人，但你们光说不行，关键是要落实到行动中，你们回去把刚才谈的目标写在会议记录本上，就当是你们本学期的教学目标吧。如果我们学校的学生能在期末考试中六门学科都获得第一名，我在镇上款待你们。”（因为当时有六名教师说要力争考第一名）话音刚落，就响起了一阵热烈的掌声。

一个学期之后，我校有七位教师的教学成绩取得了全镇第一，我理所当然地兑现了自己的诺言。可见，“良言一句三冬暖，恶语伤人六月寒”。孟子也说过：“善政，民畏之；善教，民爱之。善政得民财，善教得民心。”好的政令，百姓畏服；好的教育，百姓喜爱。好的政令得到百姓的财富，好的教育得到百姓的心。试想，如果我当时把他们所说的学期目标作为行政会议的工作目标，也许会引起教师们不满，而我利用这个非正式的场合，把本来需要多次沟通与交流才能安排的目标任务就这样顺利地安排好了，这也是“顺手牵羊”的计策在学校管理中的一次真实体现。校长真诚的肯定与激励，热情的赞美与赏识，中肯的启发与诱导……将校长的一片深情化作雨露，滋润着教师的心，让教师体会到温暖与鼓励，这在我们的学校管理工作中会起到催化剂作用。

管理心得

给教师一个机会，教师会还你一个惊喜。校长一次成功的谈话可能会成就一个教师，一次失败的谈话也许会扼杀一个上进的灵魂。一句赞美的话语，一个肯定的眼神，一个细微的动作，一条简短的信息，都会激起教师心中的感激之情，也能让教师折服于校长的魅力，全身心地投入教育教学工作。

借力使力

——润物无声，巧用故事启发教师

孔子的弟子颜回评价孔子说："夫子循循然善诱人，博我以文，约我以礼，欲罢不能。"这句话启示我们：领导者要善于一步步地诱导人，用各种典籍丰富人的知识，用各种礼节约束人的言行，使人产生浓厚的兴趣，想停止学习都不行。

这几句话暗示了借力使力的作用。什么是借力使力呢？简单地讲，借力使力就是指借助别人的力量，实现自己的目标、目的。自古以来，我国就有"借船出海""借鸡生蛋""借渠浇水"等诸多典故。其实，这都是借力使力在现实当中的有效运用。孙子也曾说过："善用兵者，因粮于敌，故军食可足也。"也就是说善于用兵作战的人要从敌人那里获得补给，这样，军队的粮草就可以有充足的保障了。《孙子兵法·火攻》中暗含了这样的观点：在与对手的较量中，借助外部自然力量、各种有利的时机可以获得重大的胜利。古人也曾阐述过："智者，当借力而行。"意思是说聪明的人或组织，应当借助外力寻求发展。因此，要想开创属于自己的一片天地，要想在复杂的学校管理中永远当"战神"，仅靠单枪匹马、赤手空拳的搏斗是行不通的。要想获得最大的成功，就要学会借力。

我们在平时的学校管理中不能一味地强调自己的管理，要善于借助外界的力量来引导教职工全力为学校服务。下面列举我在学校管理中借用讲故事来加强教师思想道德建设的三则小案例，也许会对大家有所启发。

案例1：

在我们学校教师队伍中，有部分教师埋怨工作环境差，工资太低，他们非常羡慕有些学校优越的教学环境和教师的高工资。这时，我就给他们讲了一个故事。有一个年轻人，平时总是感觉现实环境制约了自己的发展，施展不了自己的才华，于是怨天尤人，工作不思进取，心中很苦恼。后来，他听说在一座大山脚下有一个老和尚会移山之术，便去讨教。老和尚见到他后，说："我可以把我前边的山移到我的后边去。"年轻人不相信。老和尚说："你看一下，这座山现在在我的前边。"说完之后，老和尚转过身说："现在它已在我的后边了，这就是我的移山之术。当我们不能改变环境时，那我们只有改变自己来适应环境。"当我讲完这个故事后，这一部分教师也听出了弦外之音，便全身心投入教书育人工作中去了，以后也极少再有怨言了。

案例2：

我们学校有的教师总想快一点教完教材内容，以便留出时间再复习一遍，甚至把下一个学期的内容也渗透进教学中，认为以后教到这些内容时，学生学起来就会轻车熟路。为了说明他们这种做法不妥，我给他们讲了林清玄的一个故事。台湾作家林清玄小的时候，按照父亲的要求到树林里扫落叶，日复一日，异常辛苦。一天，父亲开玩笑说："你为什么不把明天的树叶摇下来一起扫呢?"林清玄欢天喜地地去摇树，满怀希望地想偷懒，但是第二天又是满地黄叶堆积，在摇死了几十棵树后，他豁然开朗：今天扫完今天的树叶，明天的树叶不会在今天掉下来，不要为明天烦恼。树叶凋零有其自然规律，不受外力左右，人为地摇落树叶违背了树木新陈代谢的规律，也给树木带来了伤害。育人更是如此，学校的教育要顺应教育的规律，顺应学生身心发展的规律，任何试图通过外力加速这一过程的做法，都会对教育造成伤害。因此，我们要用等落叶的心态去给学生创造一个自由、和谐、顺应规律的成长空间，不要留下很多充满遗憾的、青涩的"树叶"。那些想拔苗助长的教师听了我的故事后，也逐渐放慢了自己的教学进程，改变了自己的教学策略。

案例 3：

我们学校有一部分教师认为，在各种制度的约束下，自己的发展受到了限制，因而心情不舒畅，加之各种考评都以教学成绩为主要标准，所以有些教师变得急功近利，重智轻德，经常对学生大发雷霆，体罚或变相体罚学生。这样做严重束缚了学生的思维，制约了学生才能的发展，甚至影响了学生的身心健康。针对此类现象，我给这些教师讲了下面这个故事。布克原是法国的一名天主教徒，1536 年，他因反对罗马教廷的刻板教规被捕入狱。由于他是一位钟表大师，入狱后就被安排做钟表。在那个失去自由的地方，无论狱方采取什么高压手段，都不能使其制作出误差低于 1/10 秒的钟表。为什么会出现这样的情况？起初，布克把它归结为制造钟表的环境不好。后来，他越狱逃往日内瓦，才发现真正影响钟表准确度的不是环境，而是制作时的心情。在监管过严的地方，别指望有奇迹发生，因为人的能力唯有在身心和谐的情况下才能发挥最佳水平。那些教师听了这个故事，体罚学生的现象渐渐消失，真正建立起了平等、民主、人性化的新型课堂。

就这样，我借用故事中包含的哲理来对教师进行教育，用故事引领教师的思想与行为，起到了“润物细无声”的效果，这比以前空洞的说教效果好很多。

所以说，我们作为学校领导，要学会借用外力来管理学校。“行火必有因，烟火必素具。发火有时，起火有日。”虽然都是借用外力，但是我们借用外力来对教师进行教育时，一定要具备一定的条件，所借助的内容必须平时就要有所准备，借用外力管理教师时一定要讲究策略、方式、方法。“借”是一种策略，更是一种高深的智慧。“借”字所包含的意义极为广泛，可以是“借力”“借智”等多个方面。当自身条件不足时，不妨借用一下别人的力量，以最小的成本达成自己最大的管理愿景，使自己的梦想凭借东风，直上青云，这就是善借外力、出奇制胜的智慧。我们也知道，“借”不一定会成功，但成功者大多是一些善“借”之人。只要校长会“借”，“借”得恰到好处，就能够使教师们心甘情愿地帮自己做事，并做到“毕其智为己所用”。

因此，每个渴望成功、想要成功的人必须学会借助外部的力量，这样才有可能无所不能，无往而不胜。

管理心得

在学校管理中，我们要学会“撒豆成兵”，任何外部力量和事物都可以成为我们管理工作中的工具，为我们所用，从而借助这种力量或事物实现自己在学校管理中的预期目标。

择人任势

——智当伯乐，发现并培养农村名师

《曾胡治兵语录》中说：“人才因求才者之智识而生，亦由用才者之分量而出。用人如用马，得千里马而不识，识矣而不能胜其力，则且乐驽骀之便安，而斥骐骥之伟骏矣。”在我们的学校，不是没有人才，我们校长应重视发现与培养人才。正如古人所说：“千里马易寻，伯乐难求。”

促进教师专业化发展，建设一流的教师队伍，是学校可持续发展的有力保证。然而，我们归仁镇山河小学教师年龄普遍偏大，多数教师是原来的民办教师与合同教师转制的，知识水平低，教法老化。培养农村小学自己的名师一直是我的梦想。我刚调到归仁镇山河小学时，心里非常着急，因为教育质量取决于教师素质，县城小学可以通过引进人才来解决提高教师素质的问题，但是我们一个村级小学，各种设施落后，根本没有教师想来。因此，如何从学校内部寻找有潜力的教师，培养我们农村学校自己的名师，就成为我案前的一项重要任务。

《曾胡治兵语录》第二章中曾谈到：“人才以陶冶而成，不可眼孔太高，动谓无人可用。”其实，我们身边不乏人才，只是我们发现人才的眼光不要太高，更不能动不动就说学校没有人才可用。我们都知道，成功不是偶然的。舜是从田间劳动中成长起来的，傅说是从筑墙的工作中被选拔出来的，胶鬲被选拔于鱼盐的买卖之中，管仲被提拔于囚犯的位置上，孙叔敖是在海边被发现的，百里奚是从市场上被选拔的。所以我们校长要在平时工作中善于发现那些热爱教育、学识渊博、勤奋钻研的教师。我们要给他们机会，让他们成功。《曾胡治兵语录》中也谈到："拣选将才，必求智略深远之人，又须号令严明，能耐辛苦。三者兼全，乃为上选。""观人之道，以朴实廉介为质。有其质而傅以他长，斯为可贵。无其质而长处亦不足恃。甘受和，白受采，古人所谓无本不立，义或在此。"所以我们要想从自己身边发现人才，一要摸底，摸清所有教师的综合素质；二要观察，看看哪一位教师有可塑的基础。原来，我们学校毕业班学生的数学成绩一直处于全镇倒数行列。李艳老师在原来的学校教学成绩一直不是很好，后来到我们学校工作。经过对她的了解，我作出一个决定：让她担任学校两个毕业班的数学教师。我当时想：她是毕业不久的大专生，学识是有的，也许只是因为方法不对，成绩才不好，只要平时对她多进行指导，她的教学成绩一定不会太差的。最后，她的成绩证明我用对了人。连续几学期的期末考试，我们学校六年级学生的数学成绩都名列全镇前三名。李艳老师也多次受到表彰，被评为县数学骨干教师、归仁镇名师。我们学校也形成了优良的教学氛围，综合教学水平也在合作教学中得到提高。

当我们从身边挖掘出有潜力的教师后，后续的工作也很重要。如何培养这些教师，让他们成为名师也是一件困难的事。"可知用人不必拘定一格，而熏陶裁成之术，尤在用人者运之以精心，使人人各得显其所长，去其所短而已。"名师的成长过程可以有多种途径和方法，但最佳的途径莫过于日常教学实践，最好的方法莫过于教学研究，最优化的过程莫过于边教边学。我的做法是以课堂教学为着力点，一是采用"请进来，走出去"的方法，一有外出学习的机会，我就会争取名额，让我校的教师"走出去"，学习其他学校的先进教学理念，回校后再进行研讨；二是请外校名师对他们开展"常规教学如何上"的教育教学课堂鉴定；三是积极推荐学校教师参加各类优课评选活动；四是要求每位教师每一周写一篇教学反思，以此来提升他们的理论水平。平时，我会细心研究一些刊物的选文定位，为学校教师寻找投稿渠道，并帮他们修改、投稿。随着时间的推移，教师们慢慢喜欢写论文了，因为他们从中尝到了甜头。现在，仅李艳一人，一学期就有 3～5 篇教育教学论文在各级评比中获奖或在报刊上发表。现在，学校教师都把“干得出成绩，说得出道理，写得出论文”作为自己的工作目标。可见，“找准方向—设计路线—提供支持”是培育名师的重要途径。

其实，我们实施“择人任势”策略的关键点还在于如何留住人才。现在一些学校的名师流失严重，特别是我们这些农村学校，好不容易培养出来的名师，一有机会就会“孔雀东南飞”。这些都沉重打击了农村学校培养名师的积极性，也严重制约了教育的发展。用什么来吸引名师，留住我们自己培养出来的名师呢？比待遇，我们农村学校比不上城镇；比事业，农村的教学舞台也不如城镇。孟子说：“尊贤使能，俊杰在位，则天下之士皆悦，而愿立于其朝矣；市，廛而不征，法而不廛，则天下之商皆悦，而愿藏于其市矣；关，讥而不征，则天下之旅皆悦，而愿出于其路矣；耕者，助而不税，则天下之农皆悦，而愿耕于其野矣；廛，无夫里之布，则天下之民皆悦，而愿为之氓矣。信能行此五者，则邻国之民仰之若父母矣。”这告诫我们：作为校长，我们要想留住人才，就一定要尊重人才。正如孟子所说的，市场上提供卖东西的地方却不征税，把滞销的货物依法收购不使积压，那么，天下的商人都乐于在这样的市场做生意了；海关只稽查而不征税，那么，天下的旅客都乐于在这样的路上旅行了；种庄稼只按井田制助耕公田而不再征税，那么，天下的农民都乐于在这样的土地上耕种了；居民区没有额外的土地税和劳役税，那么，天下的百姓都乐于成为这里的居民了。真正能够做到这五点的（国君），就连邻国的百姓都会将其当父母一样仰慕。“兵事以人才为根本，人才以志气为根本；兵可挫而气不可挫，气可偶挫而志不可挫。”要想让优秀的教师都乐于在自己的学校工作，我们只有为他们营造一个家的氛围，用真情留住他们的心，让他们有留下来的理由或志向。一是关心他们的生活，在现有的条件下尽量照顾与关心他们，让他们永远有一颗感恩的心，让他们的心与学校相连。李艳等几位教师刚到我们学校的时候，学校没有住房，我就把校长室与教导处的房子腾出来给他们住。当他们得知学校领导把自己的办公室腾出来给他们休息时，感激之情油然而生。二是经常与他们在一起促膝谈心，做知心朋友。俗话说："话是开心钥匙。"经常与教师交流、沟通，可以拉近彼此之间的距离。当他们感觉到学校非常重视他们时，就会与学校产生情感共鸣。三是让他们感觉在学校教学是快乐的、幸福的。平时，我们要尽一切力量创造条件，丰富教师的课余生活，在生活上关心他们，让他们享受快乐的生活，喜爱自己的学校，感受到学校这个大家庭的温暖。我在山河小学担任校长的几年里，没有一位教师申请调动。用李艳老师的话来说就是，教师在山河小学，无论是工作还是生活都很开心，有什么理由离开呢?

"故能择人而任势。任势者，其战人也，如转木石。木石之性，安则静，危则动，方则止，圆则行。故善战人之势，如转圆石于千仞之山者，势也。"意思就是，能选择人才来创造各种有利的态势，用善于利用态势的人指挥战争，就像滚动木头和石块一般。木头和石块的特性是放在安全平稳的地方就静止，放在险陡倾斜的地方就会滚动；方的会静止，圆的会滚动。所以善于指挥作战的人所造成的有利态势，就像将圆石从万丈高山上推下来那样，这就是所谓的"势"。作为校长，我们应善于"择人任势"，智当伯乐，发现并培养农村名师，提高学校的知名度和美誉度。

管理心得

"人才由磨炼而成，总须志气胜乃有长进。成败原难逆睹，不足以定人才。"孟子也曾说过，君子有三大快乐，其中的一大快乐就是得到天下优秀的人才进行教育。农村学校也是一个藏龙卧虎的地方，我们要去挖掘优秀的教师资源，使他们真正成为农村学校的教育资源，促进农村学校的可持续发展。

反客为主

——巧妙引导教师自觉学习，提升自身能力

《三十六计·反客为主》中说："乘隙插足，扼其主机，渐之进也。"意思是趁着有空隙就插入进去，扼住它的要害部位，逐渐实现自己的预期目标，最终掌握主动权。这就是所谓的"反客为主"。

"反客为主"出自《唐太宗李卫公问对·卷中》："臣较量主客之势，则有变客为主，变主为客之术。"原指在战争中要抓住有利时机，兼并或者控制他人，争取掌握主动权的谋略。"反客为主"在国家政权的争夺上，尤其在形势比较复杂的时候，最具有杀伤力。李渊在夺得天下之前，写信恭维李密，但后来还是把李密消灭了。刘邦在兵力不能与项羽抗衡时，很尊敬项羽，鸿门宴上以屈求伸，对项羽谦卑到了极点，后来他由弱变强，终于将项羽逼死于乌江。

"反客为主"运用在学校管理上，就是要努力获得主动权。在学校管理中，主客之势常常发生变化，有时变客为主，有时变主为客，关键在于要变被动为主动，争取掌握主动权，特别是在自己处于被动局面时，更要采取积极措施化解这种不利态势。"反客为主"集中反映了管理者对"变化"这一主题的把握。整个世界是一个变化的世界，斗争更是促进事物变化的一个因素，而斗争的最终目标就是赢得胜利。因此，我们可以把此计称为"渐进之阴谋"，既是"阴谋"，又必须"渐进"，才能奏效。它出色地表现了化被动为主动、灵活应变的管理技巧。在学校管理中，如果我们也能熟谙此道，必定能够成为一

个进退自如的“高手”。

一些教师安于现状，不求进取，总认为自己的学识已经足够教好学生了，没有必要再继续学习了，所以他们平时教学也抱着应付的态度，认为自己就是教室里的“皇帝”，是学生心中的“神”，自己讲的一切对学生来说都是对的。而一些校长对这种现象要么不闻不问，要么硬性规定教师必须参加自学考试，这有时也会引起教师的反感。

现代教师基本素质最重要的两个方面就是教师的科学文化素质与教育专业素质。教师要想获得学生的尊重与热爱，必须对所教学科的知识有系统而深刻的理解，并及时掌握与本学科相关的新信息、新发现、新动向，使自己在教学活动中因熟生巧，提高教学质量。同时，教师工作的特殊性要求教师不仅要具备丰富的学识，还要具备将知识传授给学生的技巧，能帮助学生掌握学习方法，提高各种能力。如何提高教师学习的自觉性，让教师自觉提升自己的理论水平，一直是困扰校长的难题。沈阳市教育局早在2008年就采取措施，以“反客为主”的策略来调动教师学习的积极性。在当地，教学质量监测的对象不再只是学生，也包括教师，考试成绩要作为对教师评价考核的重要指标。为此，该市义务教育阶段和高中课改年级（包括高一、高二年级）共计49324名教师与学生一起参加期末考试。其中，高一、高二年级教师测试与学生同步进行；义务教育阶段教师参加单独命题测试。我们泗洪县每年暑假也组织教师参加“学习新课标，践行新课标”的学习和考试活动，成绩突出的教师受到表彰，对于成绩落后的教师，则要求他们再学习，再考试。这样，通过考试“反客为主”，让教师由被动接受学习安排转变为自己想着学习，不断深入地理解所教学科的内容。记得我们学校曾经就有一位教师，总是“躺在原来的成绩上睡大觉”，让他好好教书，他却说：“我曾经也辉煌过，我已经教了十几年了，不用看书也能讲得头头是道。”他平时既不备课，也不钻研教材，上课铃响后拿起书本就到教室上课。在一次考试中，他竟然连一道简单的分数应用题都解答不上来。此后，他从考试中吸取了教训，平时也钻研教材了，上课前也能认真备课了。

让教师参与测试有不少好处。首先，这有助于促进教师系统地学习本学科的知识。只有教师自身具有较高的文化素养和广博的知识，才能把课讲得“引人入胜”，才能唤起学生强烈的求知欲。俗话说：“要给学生一滴水，教师自己先要有一桶水。”在科技迅猛发展的今天，教师的知识更应该是流淌的清澈小溪，永远具有生命力。我发现，有的教师低年级课程教得非常好，但是高年级课程却不会教，这是因为他们的知识储备不够，有些题目他们自己都解不出来。让教师参与测试有助于促进教师自觉学习，丰富自己的知识储备，以便更好地教学生。其次，这有助于促进教师向学习型教师转变。目前，大多数教师还是凭自己的教学经验来教学，不能汲取新的教育理念与教学方法。新课程改革过程中，我们发现了很多以前没有发现的问题，面临着以前没有面对的矛盾，碰到了以前没有碰到的困难，如果一直停留在经验层面，很容易出现“穿新鞋，走老路”的现象。而通过让教师参与测试，可以更新教师的教育观念与教学方法，促进教师向学习型教师转变。再次，这有助于促进师生共同成长。在以往的教学中，一些教师认为自己永远是对的，学生的知识永远没有自己的多，造成了一些教师不思学习、不求发展的现象。但是在这样的规定下，教师就要在教学生的同时，不断充实自己。试想，如果学生会做的题目教师不会做，那将是一个什么样的尴尬场面呢？让教师参与测试可以唤起教师的忧患意识、平等意识、应用意识、民主意识，可以促使教师破除自身权威，不断创新，创造出教育教学的新形式、新方法、新手段，使教师具备多方面、多层次的文化知识和业务技能，与学生共同成长。

“反客为主”作为一种谋略，从字面上可以理解为处于被主导地位的“客”，夺取主导地位，替代原来的“主”，并把原来的“主”放到“客”的位置上。它强调变被动为主动、掌握主动权的重要意义，并提醒人们在实施的过程中采取循序渐进的原则，而不是进行没有谋划、急躁、莽撞的行动。学校管理是一个动态的过程，也会遇到各种困难与挑战，管理者正确的做法是依据当时的态势，灵活机动地来处理，不要被外界困难所吓倒，要变被动为主动，在困境中“反客为主”，这样我们的管理才能得心应手。

管理心得

古人说过："反客为主之局：第一步须争客位，第二步须乘隙，第三步须插足，第四步足须握机，第五步乃成主。"这里，古人将"反客为主"计策分为五步：争客位，乘隙，插足，握机，成功。概括地讲，就是变被动为主动，把主动权掌握到自己手中。我们在运用"反客为主"的计策时，要学会审时度势，强调循序渐进，不可急躁莽撞，泄露机密。

以教素行

——加强对教师的教育，提升教师幸福指数

《孙子兵法·行军》中说："令素行以教其民，则民服；令素不行以教其民，则民不服。令素行者，与众相得也。"意思就是，平时认真执行命令，好好教育士兵，作战时他们就能听从指挥；平时不认真执行命令，也没有好好教育士兵，作战时就不能让他们服从指挥。平时能够让命令得到很好地贯彻执行，是因为和部属关系融洽，得到了他们的支持。

一些校长进行学校管理时，往往只注重依法治校，让学校的每一项工作都有法可依，平时却不注重对教师进行思想教育与技能教育，所以造成了许多教师被动地接受工作，完成工作时也没有成功的喜悦。这主要是因为教师总是在制度的约束下来完成工作，工作没有主动性。学校发展多年，可教学水平却没有提高，这与我们平时没有加强对教师的思想教育与技能教育有很大的关系。在《魏书十二·崔琰传》中有这样的话："士不素教，甲兵不利，虽汤武不能以战胜。"说的就是教育士兵对战争的作用。我们在进行学校管理的时候，也要注重对教师的教育。目前，一些教师不思进取，工作马虎的事件时有发生，经常对教师进行教育是学校可持续发展的有力保证。我校对全体教师实行的是"拥有一颗爱心，构建两种制度，实施三项战略"的教师培训制度，让每一位教师都能够"以教其民而令素行"，让他们的思想统一到学校的发展思路上来，这样他们才能够毫无保留地为学校服务。

一、拥有一颗爱心，增强教师敬业精神

我们学校有一大部分农村教师，他们家中都有田地，通常是忙完学校忙家里，教书在某种程度上是他们谋生的一种手段，他们把教育当作一种职业而不是事业。是否拥有一颗爱心，是关系到他们能否全身心投入教育事业的关键。我们学校通过多种渠道培养他们热爱职业、团结同事、对学术严谨、尊重学生以及爱校如家的感情，使教师有一颗热爱职业、热爱学校、热爱学生的心。例如，开展“忆往事，思现在，想将来”等自我教育活动，让教师在自述、自悟、相互交流中提高认识；开展“树师表形象”活动，利用教师节进行“优秀教师”“优秀班主任”评比，对优秀教师和优秀班主任给予精神和物质奖励，并作为年度评优和县级“优秀教师”“优秀班主任”的评选依据；组织教师观看全国各地优秀教育工作者的事迹报告录像，让教师受到熏陶和感染，使教师自觉遵守教师职业道德规范，爱岗敬业，乐于奉献。

二、构建两种制度，调动教师积极性

教师的积极性如何，对于他们不断学习、扩充新知识和形成新技能有直接的影响。特别是在农村，受生活条件与生源质量的影响，教师教学的积极性不高。因此，我们在教师队伍建设中努力构建两种制度，即定期与教师沟通制度和健全学校常规管理制度，以调动教师的工作积极性与主动性。

1. 定期与教师沟通制度

学校领导充分相信每一位教师，经常与教师沟通，尊重并支持教师，每一个月召开一次教师民主生活座谈会，设立教职工意见箱，采用个别谈话与集中交流相结合的方式，让全体教师为学校的管理与建设献计献策，拉近校长与教师之间的距离。在学校贯彻以人为本的管理思想，为教师创造良好的工作环境，使不同层次的教师都能释放潜能，获取成功。

2. 健全学校常规管理制度

我们结合学校的实际情况，广泛征集教职工意见和建议，在原有制度的基础上制定了学校各项规章制度，为检查、评比、奖惩提供了充分的依据，让教职工进行自我约束，逐步实现管理自觉化。

三、实施三项战略，提升教师生命质量

在日常教学中，我们把“学名师，做名师”作为提升教师生命质量的一个重要策略，以本镇几名市、县学科带头人和骨干教师为榜样，让全体教师明白名师并不是年轻人的专利，自己也有可能成为名师，让全体教师都争当骨干，争做学科带头人，争做科研型教师，让他们的教师生命焕发光彩。

1. 鼓励教师“超越自我”，突破自己原有思想与能力的极限

在工作中，学校帮助教师树立“超越自我”的信念，为教师提供一个展示自我的平台。我校部分教师的年龄比较大，现代教学手段对他们来说是个很有挑战性的问题，我们就经常让市、县级学科骨干教师来我校上示范课，开讲座，进行信息技术培训，让他们学习全新的课堂教学方式，感受到现代教学的魅力，在新的层面上突破个人原有的“极限”。

2. 全面推行“目标管理”，明确奋斗目标

开学时，我们为学校定一个总目标，并把总目标细化成部门与个人目标，使每个部门的每位教师对其要达到的目标心中有数，用目标来激励我们的教师，使目标管理落到实处。

3. 采用“请进来”“走出去”相结合的学习方式

我们努力营造一个“学习，实践，再学习”的学习气氛，定期请校外专家来我校为教师上示范课，开讲座，并且只要有学习机会，我们就会安排教师外出学习，争取一年内每一位教师都能轮训一次，同时要求学习归来的教师要把学习收获与大家分享，实现资源共享和学习成果共享。

老子说过：“古之善为道者，非以明民，将以愚之。民之难治，以其智多。故以智治国，国之贼；不以智治国，国之福。知此两者，亦稽

式。常知稽式，是谓玄德。玄德深矣，远矣，与物反矣，然后乃至大顺。”说的就是古代善于治理国家的统治者，不是教导人民知晓智巧伪诈，而是教导人民淳厚朴实。人之所以难于统治，乃是因为他们使用智巧心机。所以用智巧心机治理国家，就必然会危害国家，不用智巧心机治理国家，才能治理好国家。在这里，老子认为政治的好坏常系于统治者的处心和做法，统治者只有真诚质朴，才能产生良好的政风，有良好的政风，社会才能趋于安宁；如果统治者机巧黠滑，就会产生败坏的政风，政风败坏，人们就相互伪诈，彼此残害，而社会将无宁日了。因此，我们在管理学校的过程中，还是应以教化为主，要通过我们的教育促进员工达到“素行”。

管理心得

马斯洛的“需要层次理论”认为，人的最高需要就是自我实现。自我实现是指个人的理想与抱负得到实现，个人的能力得到最大发挥。为了使教师在专业发展的过程中不断提升自己工作与生活的幸福指数，我们就要加强对教师的教育培训，创造一切可以创造的机会帮助教师成长，提升他们的职业素养，将教师的追求与学校的发展结合起来，这样，学校才能可持续发展。

内外兼修

——提高学校的美誉度和知名度，增强学校竞争力

《吴子·图国》中说：“昔承桑氏之君，修德废武，以灭其国。有扈氏之君，恃众好勇，以丧其社稷。明主鉴兹，必内修文德，外治武备。”意思就是，从前承桑氏（古代部落）只修文德，不重军队建设，结果灭亡了。相反，有扈氏（古代部落）仰仗人多好争战，不修文德，也灭亡了。所以明智的君王，一定要在内修行文德，在外加强军队力量。这就是我们常说的“内外兼修”。

我们在学校管理过程中也要“内外兼修”，既要加强校内管理，又要对外宣传好自己的学校，也就是要内抓管理，外树形象。目前，教育行业的竞争越来越激烈，这已经成为事实。我们的学校在今天比以往任何时期都更能感受到来自社会的巨大影响和冲击。民办学校、私立学校、股份制学校如雨后春笋般不断涌现，展开了不同层面的竞争，我们公办学校必须提高自身竞争力，才能应对来自社会的冲击，否则就会走向衰败。因此，我们在平时的学校管理过程中，要内抓管理，提高学校的美誉度；外树形象，扩大学校的知名度。坚持两手抓，两手都要硬，这样我们的学校才能立于不败之地。

一、内抓管理，提高学校的美誉度

学校的美誉度直接影响学校的生存与发展，俗话说：“金杯、银杯，不如老百姓的口碑。”如果一所学校的声誉很差，别人了解到的都是关

于学校的一些负面报道，我想这所学校的生存状况一定极不理想。所以我们要强化自身的管理，让工作业绩来证明学校的实力。一是提高教育质量。教育质量是学校发展的生命线。现在绝大多数家长对学生的学习成绩都非常关心，每到期末考试后，很多家长都来到学校，看看孩子能考多少分，了解孩子都学了些什么。所以，我们要通过提高教育质量来提高学校的核心竞争力，要把对教育高质量、高效益的追求作为学校的恒定目标，一刻也不停地落实到办学实践中。二是特色办学。特色办学是学校竞争力的核心，是一所学校先进办学思想和卓越办学能力的集中表现，是学校独特个性的体现。我们学校以市级课题“‘地方文化’校本课程的开发研究”为抓手，让学生走向社会，了解本地文化，充分发挥自身优势和潜在能力，培植本校的办学特色。三是加强教师队伍建设。教师自身的发展不但是教师立业之本，更是学校教育质量的根本保障，是学校竞争力不断提升的动力之源，是学校可持续发展的最关键因素。近年来，我校积极营造一种积极向上、互相学习、互相理解的团队氛围，在学校中积极建设学习型组织，打造一支本领过硬的教师队伍，为提高学校的竞争力提供了保证。四是积极打造学校文化。马来西亚前总理马哈蒂尔说：“看一座城市，就看它的文化。往往从一座城市的文化气质里，就能够读出这座城市的显著个性和无尽魅力。”学校文化是一所学校的灵魂，学校给家长的第一印象很关键，而学校显性的物质文化与教师的行为文化是家长最先看到和了解到的，所以我们要积极创造条件，改善学校的物质文化，并用制度文化与精神文化来引领教师的行为文化。学校文化建设好了，学校就能走上可持续发展之路，走上健康、和谐、理想的发展之路。

二、外树形象，扩大学校的知名度

“酒香不怕巷子深”的时代已过去了，一所学校如果不注重自己外在形象的树立，那么它的竞争力也不会很强。“洋思经验”和“杜郎口风暴”，也是我们通过各种宣传渠道而得知的。我们平时要积极“利用”身边的“宣传工具”，来让学生与家长了解学校，让家长们亲身体验学校的文化。具体来说，一是通过学校环境布置扩大宣传。每一学期开学报名的那几天时间，很多家长都会带子女到校报名，于是我们就利用板报、画廊等把上一学期学校取得的成绩展示给家长看，以扩大影响。二是召开好一月一次的家长会，让家长随时了解自己孩子的学习情况与学校的工作思路，争取得到家长的支持。三是办好家长学校，成立家长委员会，让家长参与学校的管理，听取家长对学校管理的意见，形成家校合力。四是积极参与社区活动，增强社区影响力。例如，组织学生到敬老院做好事，成立社会新风督查小分队等。

在这里，我们可以模仿美国俄亥俄州立大学的斯多基尔和沙特尔两位教授在 1964 年创建的“领导行为四分图”，根据内抓管理与外树形象的程度，制订学校管理的四种方法。

低宣传 高管理	高宣传 高管理
低宣传 低管理	高宣传 低管理

分析一下这四种管理方法，显而易见，低宣传、低管理的学校肯定是不可能有所发展的，其在众多学校的竞争中是没有立足之地的。低宣传、高管理也不是一种理想的状态，这样的学校，虽然各项管理都能达到非常优秀的状态，但是外界不知道，学校也不会得到外界的认可。现在知名品牌最注重的是什么？是宣传。人们对产品的了解也是从宣传开始的。产品质量再好，人们不知道，也没有意义。而高宣传、低管理更不是一个好的状态。宣传做得再好，但教育教学质量上不去，家长看不到与宣传相符的成绩，这样的后果比低宣传、高管理的状态还要可怕。而最佳的管理状态就是高宣传、高管理，也就是我们所说的内抓管理，外树形象。别人从宣传中了解到学校的方方面面，而且学校的真实成就也与宣传的一致，这样的学校才会得到社会与家长的认可，才能在竞争中脱颖而出，立于不败之地。

管理心得

学校强大的竞争力不是一朝一夕就能形成的，它需要学校全体员工的共同努力。只要我们强化学校的内部管理，提高学校的美誉度，积极利用一切能利用的渠道来扩大自己的知名度。当我们学校的美誉度与知名度都很高的时候，我们学校的竞争优势也就形成了。

去伪存真

——打破常规，创新管理办法，实现管理目标

“去伪存真”的意思就是要除掉虚假的，留下真实的。将其运用到学校管理过程中，就是要求学校校长能了解学校的各个方面、各个环节、各种事件处理的基本情况，哪些事情可以做，哪些事情不可以做，哪些事情做了会不利于学校的发展，哪些事情做了会促进学校的发展，对于这些，我们要做到心中有数，并且在学校管理过程中要学会“拨开云雾看太阳”，把不合学校校情的、虚伪的管理内容去除掉，把一些真实的、有利于事情解决的、有利于学校发展的管理内容留下来，并将其放大。宋代释惟白《建中靖国续灯录》中有这样一句话：“权衡在手，明镜当台，可以摧邪辅正，可以去伪存真。”这句话也告诉我们，在学校管理过程中，虽然我们有上级赋予的自主管理权力，但是我们也一定要把学校师生的发展当作自己的“明镜”，心中装着学校的发展，把不符合学校发展的事或物剔除，这样我们才可以阻止不合理事情的发生，我们的管理才不会偏离轨道。

比如，开学典礼是新学期的第一项工作，通过开学典礼，可以让来自四面八方的学生聚在一起，让学生认识、了解学校在未来一学期将要开展哪些重要工作。做好开学礼典工作，也是开展好一个学期工作的关键之一。但是，反观目前各校的开学典礼，很多都是流于形式，假、大、空的内容居多，其目的与作用在平时的学校管理过程中很难落实到位。是什么原因造成这种现象呢？笔者对身边的一些开学典礼的组织形式与内容进行分析，认为一些开学典礼之所以流于形式，与学校领导的

主导思想是分不开的，即学校领导没有分清哪些内容是开学典礼上必须要讲的，哪些内容是不应该讲的。因为一些学校的领导只是把开学典礼当作一项工作来完成，当作一个程序来走完，没有脱离假、大、空的说话方式，所以他们在开学典礼上所讲的内容根本没有在学生心中扎根。而学校开学典礼要想发挥它应有的作用，就必须要做到“三除三保”，抛弃那些不合学生实际、不合学校实情的内容，还学生一个真实的、有效的、学生喜闻乐见的、能深入学生内心的内容与程序。

一、去除俗套，保留新意

现在，一些学校开学典礼的内容千篇一律。首先，全体起立，奏国歌，有时还鸣炮。然后，学校主要领导宣读本学年工作计划，教务处公布上学年的优秀学生名单和各项竞赛结果并奖励。接着是家长发言、优秀学生代表发言等。整场开学典礼都是学校领导在主席台上唱象牙塔里的高调。在台下，讲话的、睡觉的、看书的学生广而有之，开学典礼结束后问学生开学典礼的内容是什么，多数学生说不知道，那开学典礼的作用与效果就可想而知了，这样的开学典礼是不能深入学生内心的。笔者参加过这样的一个开学典礼，在开学之初，每班通过推荐，学校进行海评，评出两名学生做校长助理，然后在开学典礼的主席台上，这两名校长助理就坐在校长的旁边，开学典礼也由他们两个来主持。他们会根据校长的意思，从学生的角度来阐述学校本学年的工作目标、工作重点。笔者感觉这样就能激起学生的共鸣，学生也就会认真地去听了，典礼也会因为是学生在主持而变得更加精彩。因此，我们的开学典礼一定要经常变换组织形式，不走老路，让学生每次都感觉到新意，让开学典礼上的情景长时间地驻足在学生的脑海中，这样，开学典礼上的精神也就会在学生的心中生根、发芽，并外化为学生自觉的行动。

二、去除散乱，保留主题

在笔者参加过的一些开学典礼上，有些学校的领导把开学典礼当作一件必须完成的事来看待，要求各个科室都要把本年度的工作思路讲出来。也许他们认为，利用开学这一大好时机，把每个领导的工作思路全部理出来，能让学生有一个参照标准，知道本学期要做哪些事，至于为什么要开典礼却没有人去探讨。殊不知，这样的典礼内容杂乱无章，很难起到作用，也得不到广大师生的认同。笔者所在的学校要求每一学期的开学典礼都要有一个主题，典礼的所有内容都要围绕这个主题展开。如有一个学期，我们把情景剧搬上开学典礼，以“做一个快乐的学生”为主题，打造了一个颇具特色的开学典礼。10名学生上台表演了情景剧“我是一名快乐的小学生”，而且通过演、说、比、做等一系列活动，全体学生知道了在学校如何学习，如何做人，如何与人相处等。那些刚入学的学生见到台上这些快乐的学生，也就会从内心里喜欢学校，这为他们以后的学习奠定了快乐的基调。所以笔者认为，我们的开学典礼不应“眉毛胡子一把抓”，而应确定一个主题，把对学生的要求规范贯穿于主题活动之中，至于那些老生常谈的要求、制度、规范，就没有必要在开学典礼上再重复了，这样的开学典礼才能深入学生的内心。

三、去除呆板，保留趣味

目前，很多的开学典礼仪式庄重、程序单一、缺乏趣味。笔者认为，如果在开学典礼中增加一些创新环节，就更能激起学生的兴趣。记得一所学校把开学典礼作为学校将要开展的“书香校园”“快乐课间”“写手好字”三项主题教育活动的启动仪式。三项主题教育活动分别采用了三种不同的启动形式，可谓各具特色、异彩纷呈。“书香校园”活动启动仪式中，学生以充满童趣的诵读表演形式，向全校学生发出读书的倡议；“快乐课间”活动启动仪式中，新一届大队委员会委员用幽默诙谐的情景剧给大家展示了一种快乐、有礼、有序的课间活动模式，在新学期之际给大家带来阵阵笑声；“写手好字”活动启动仪式中则是师生同台，现场献艺。开学典礼融趣味性、知识性为一体，大大提高了学生参与的积极性与主动性。我们的开学典礼要注重学生的感受，摒弃过去那种枯燥无味的组织形式，以“趣”贯穿整个典礼，使开学典礼越来越贴近学生实际，越来越受学生欢迎。

河北师范大学心理研究中心主任杜俊鹏也认为，每个人都有喜欢新事物的心态，尤其是中小学生，他们的思维处于具体形象期，善于幻想，喜欢新鲜的、有想象力的活动。因此，我们要做到去伪存真，举办一个新颖别致的开学典礼，这样才有助于形成良好的学校风气，从而督促、提醒学生，让他们尽快进入学习状态，并在思想上做好刻苦学习的准备。

在这里，笔者只是列举了举办开学典礼这一个管理案例来谈在我们的学校管理工作中如何做到去伪存真。其实，去伪存真的管理理念还有另外一个内涵在里面，那就是我们的管理不能墨守成规。因为很多“伪”的地方往往存在于我们长期积存下来的管理思路与管理方式中，虽然它们已经跟不上新时期学校管理的步伐，并严重制约了学校的发展，早就应该放弃了，但是一部分校长却还是希望按照这样的管理方式来管理学校。我们都知道，一所学校如果总是沿用他人用过的方法来管理，不肯大胆创新的话，这所学校也就一定会失去竞争力。

我们可以从蒙牛的前掌门人牛根生身上得到启发。牛根生从伊利离开后，自己创立了蒙牛品牌。可是，当时伊利早就坐上了内蒙古甚至全国乳业市场的第一把交椅。那么，如何才能让这个还不知名的蒙牛品牌深入人心呢？牛根生没有像其他人那样通过大量投放宣传广告来宣传自己的牛奶是多么好，喝了以后会怎么样等，因为他知道即使这样，还是竞争不过伊利的。怎么办？他想到了去伪存真的策略，不走寻常路，不像其他人那样墨守成规地进行一般宣传，而是依靠一个创新的口号——争做内蒙古乳业第二品牌。这样，消费者的神经与眼球就受到了强烈的触动与刺激，也就自然而然地留意蒙牛这个品牌了。而这种做法实在是比在普通的报纸、电视上打广告更加吸引人，最重要的是其剔除了其他品牌做广告时的夸大成分，没有把自己的产品形容成最好的，而这样，却也给老百姓以真实的感觉。况且，这样做也借助了伊利的知名度，把蒙牛与伊利捆绑在一起，无形中也提升了蒙牛的品牌效应。这就是一个很好的去伪存真的创意。跳出平常人习惯的思维方式，想别人所不敢想的，做别人所不敢做的，这就需要我们打破常规，从普通的事情中寻找灵感。

再比如，在一次篮球锦标赛中，保加利亚队与捷克斯洛伐克队对阵，当时间还剩下 8 秒时，保加利亚队以 2 分优势领先。但是，这场比赛保加利亚队必须赢对手 5 分以上才能进入下一轮比赛。一般在这种情况下，教练的思路是让队员拼抢，争取在 8 秒钟拿下 3 分。但是对手是实力强大的捷克斯洛伐克队，保加利亚队想通过采取这一策略来取胜几乎是不可能的。此时，保加利亚队的主教练安排队员在最后时刻把球投到自己的篮筐内，这样，比分打平后，他们为自己争取了加时赛，从而也为自己创造了一个起死回生的机会。结果，保加利亚队赢了 6 分，如愿以偿地出线了。

可见，在管理过程中，如果我们只是重复别人的路子，满足于停留在别人已经达到的水平上，那么，我们的管理水平就很难有进步。我们只有有所突破，有所创造，有所发展，运用非常规的思路去思考，走别人没有走过的路，这样我们才能找到有新意、能解决问题的办法。

管理心得

在学校管理过程中，如果我们不能去伪存真，始终按常规办事，就无法适应学校的快速发展。我们只有化缺点为优点，本着去伪存真的理念去管理，才能管理好学校。另外，在实施管理之前，我们还要思考这项工作哪些地方应保留，哪些环节要创新，如何做到以人为本，实施人本管理。只有这样，我们的工作开展才会有实效，才会达到预期的管理目标。

因地制宜

——充分利用本土资源，服务学校教育

《孙子兵法·行军》中说："凡军好高而恶下，贵阳而贱阴，养生而处实，军无百疾，是谓必胜。丘陵堤防，必处其阳而右背之。此兵之利，地之助也。"意思就是，在一般情况下，军队安营扎寨喜欢干燥的高地，而放弃潮湿的洼地；重视向阳的地方，而避开阴暗的空间；靠近水草丰茂、交通便利、军需保证充分的地方，军中将士就会百病不生，胜利才能有保证。如果遇到丘陵堤防，一定要占据南面朝阳的地方，并把主要侧翼背靠着它。这些有利于用兵的措施，是利用地形作为辅助条件的。

这里所说的是军队在行军打仗过程中要学会发挥地理条件的作用。"因地制宜"一词出自汉代赵晔《吴越春秋·阖闾内传》："夫筑城郭，立仓库，因地制宜，岂有天气之数以威邻国者乎?"柳宗元《种树郭橐驼传》中也讲了这样一个故事。从前，长安城里有一个佝偻人，人称"郭橐驼"。他以种树为生，很多有钱人争相请他去移栽树木，因为他有丰富的种树经验，经他移栽的树木长势都很好。有人向他询问经验时，他说种树要因地制宜，顺应树木的天性，让其自然生长。很多人从他的种树经验中悟出了管理的道理，那就是管理者一定要根据各地的具体情况，采取适宜的管理办法，要充分认识当地独特的自然资源，然后为我所用。

把这一兵法运用到学校管理过程中，就是要求我们学校管理者要学

会发挥学校所处地理位置的资源优势，充分利用这些资源来为学校服务，做到因地制宜。我们学校地处江苏省宿迁市泗洪县、江苏省宿迁市宿城区、江苏省徐州市睢宁县、安徽省宿州市泗县的交界处，由于地理环境的特殊性，学校配置的教学资源十分有限。如何因地制宜，利用好本土资源，为学校的教育教学服务呢？我们可以从以下几方面来实现。

一、用好上级分配给我们的资源

省“四配套”工程为全省所有中小学校配备了实验室、音乐室、美术室、电脑室，但是部分学校因为怕物品被损坏，所以不对学生开放这些教室，从而使省里花大量资金购来的器材成为装饰品，利用率极低。而我校为了更好地利用这些资源，全天候向学生开放这些教室，除了上课时使用，课余时间如午间活动时间和放晚学后，学生也可以走进这些教室，到各教室里活动。同时，对一些没有安全隐患的器材，我们还允许学生借回家研究。学生根据自己的爱好，自行选择学习，学习劲头足，学习效率高。现在，我校的学生已经养成了一个良好的学习习惯，那就是有不懂的问题就到图书室或电脑室查阅资料，想研究就到实验室，想画画就到美术室，想练习音乐就到音乐室。让学生在没有压力的环境里轻松自在地学习书上学不到的知识，既锻炼了他们的动手实践能力，培养了他们的创新精神，也使学校的这些课程资源得到了很好的利用，充分发挥了它们应有的作用。

二、建好劳动与技术教育基地

四年前，与我校一墙之隔的一所中学撤并后，我校搬到原来这所中学所在的校区上课，所有老校区的资源就被闲置下来了。为了充分利用这些资源，我们在前年把老校区建成了学生劳动与技术教育基地，让学生在充满趣味的情境中学习劳动与技术。劳动与技术教育基地分两部分：养殖区和种植区。养殖区有一个池塘和许多校舍，池塘里有小鲤鱼、泥鳅、螺蛳，校舍里有兔子、鸡等小动物。我们把它们分到各班，让学生饲养他们喜欢的小动物。平时学生分班管理，放假时由学生轮流饲养。种植区由学生选择喜欢的植物来种植，教师会经常带领学生直接在种植基地内上课。平时，我们要求学生在基地实践时要对植物进行精心管理、仔细观察，认真做好观察记录，同时还邀请当地农技师来校开展讲座和进行现场指导。学生在课堂上打基础，在基地活动中求发展，努力做到理论和实践相结合，从而大大地丰富了学校劳动与技术课的学习内容，让学生在实践活动中真正获得知识，提高能力。

三、走向社会，走向大自然

我校地理位置比较特殊，人文与自然资源十分丰富。辖区内自然景观有九座梅花山、太皇河、徐洪河（龙河）、乌鸦岭、兵马塘、回龙闸、水牛沉等，人文景观有克复桥、复龙庵、牦牛庄等，地方特产有归仁绿豆饼、罗氏卤菜等，抗战英雄有董立功、陈福和、陈杰斯、苏中任等，所有这些都是我们学校丰富的教学资源。在教育教学中，我们对这些资源进行了很好地开发与利用，并形成了《地方文化》校本课程。平时的综合实践课我们经常带着学生走向社会，走向大自然，到真实的环境中对学生进行教育，丰富学生的课外生活，增加学生实践活动的途径，培养学生动手、动脑的能力，使我们的教学取得事半功倍的效果。

纵观当前形势，很多学校的教学资源利用却走进了一个很大的误区，造成了财力、物力、人力的极大浪费。比如，现在提倡开发校本课程，许多学校都在朝这个方向努力，但是一些学校的校本课程的开发却没有因地制宜。我们都知道，山东曲阜是孔子的故乡，在那儿开发“孔子文化”是最适宜不过了，因为那里有“孔子文化”的深厚渊源，就是普通老百姓也能对孔子的故事说出个一二来。但是，两年前，我们归仁镇也想开发“孔子文化”，理由就是孔子周游列国时，曾经到过归仁这个地方，并写下了“克己复礼，天下归仁焉”。但是由于归仁不是孔子的故乡，这一开发活动没过多长时间就搁置了。试想一下，如果每一个孔子周游过的地方都来开发《孔子文化》校本课程，那这样的校本课程还具有独特性吗？看到我们归仁有着深厚而独特的地方文化底蕴，却没有被人挖掘出来，所以我就因地制宜，在我们学校开发了《地方文化》

校本课程。因为是学生熟悉的内容，学生学习的积极性很高，教育收到了很好的效果。

我们作为学校的领导，在管理学校的过程中，无论是开发课程资源，还是进行其他方面的管理，一定要学会因地制宜，充分利用本地的资源，只有这样，我们的管理才能踏上一个新的台阶。

管理心得

在管理学校的过程中，我们要学会因地制宜，充分发掘校内外一切可利用的资源。这样，我们就能为学生创设多样化的学习环境，使学生在课堂“学识”，在课外“练能”，从而培养他们的实践能力与创新精神。

料敌制胜

——未雨绸缪，做好学校安全管理工作

《百战奇略·计战》中说："料敌制胜，计险厄远近，上将之道也。"也就是说在还没有开战时，我们要先正确判断敌情，考察地形的险易，计算道路的远近，然后再决定是否出兵，这样就可以制胜了。

"料敌制胜"运用到我们现代学校管理中，就是要求任何管理都要做到未雨绸缪。"未战之时，先料将之贤愚，敌之强弱，兵之众寡，地之险易，粮之虚实。计料已审，然后出兵，无有不胜。"比如，在学校的安全管理与应急管理方面，我们平时要加强各种应急的演练，熟知处理各种意外的原则与方法，制订各种安全预案，这样，在发生意外事故时，我们才能做到临危不惧、有条不紊地处理事故。

2008 年 5 月 12 日，四川汶川、北川 8 级强震猝然袭来，大地颤抖，山河移位，满目疮痍，当大多数学校在地震中被夷为平地、人员伤亡惨重时，绵阳市安县桑枣镇桑枣中学 1000 多名学生却无一伤亡，是什么原因呢？这与他们叶校长平时的安全隐患意识与应急演练是分不开的。桑枣中学有一栋 20 世纪 80 年代修建的没有经过竣工验收就投入使用的教学楼。1995 年叶志平同志担任校长后，怕这座教学楼出安全事故，就自筹资金对这座楼进行了防危加固。在这次大地震中，这座被加固的教学楼尽管损坏严重，但没有垮塌，坐在这栋教学楼里的 700 多名学生全部被平安地疏散出来。叶校长平时十分注重安全教育，为了让学生在突发事故面前不惊慌失措，他坚持每一学期对学生进行一两次应急安全疏

散演练，让学生自觉养成面临突发事故时能沉着应对的良好习惯。由于学生训练有素，所以在这次大地震面前，人人都能从容自如，平安无恙地跨过死亡线。

去年，邻校一个刚入学的小学生在大课间时从学校大门底下爬出，到外面的池塘边上玩水，结果不小心滑入水中，被行人看到时，小孩已经奄奄一息了。学校立即启动应急预案，一边安排人员通知家长，一边让教师抱着小孩向村医院奔去。但是到了医院，医生也没辙。幸好一位过路的老人看到，抱起小孩的身体，把头向下，以便让水流出，当水流出来后，小孩才缓过气来，避免了一次安全事故的发生。这次事件提醒我们：天有不测风云，人有旦夕祸福。中小学校都有可能遇上各种各样的安全事故，如食物中毒、校舍倒塌、溺水、触电、因教学设施疏于检修导致的事故等。事件发生后，如果处理不当，不但不能有效解决问题，而且还会扩大矛盾，给学校的生存与发展带来一定的阻力。因此，增强学校师生的安全意识，建立一套安全管理体系是当务之急。这也和"料敌制胜"中所蕴含的思想一样，在事情还没有出现的时候，我们就要先学会应急方法，只有这样，在处理事故的时候才能做到得心应手。

由于安全意识淡薄，致使我们面对突发安全事件时，常常出现手足无措的局面。尽管我们都明白学校安全管理的基础环节是提升师生自我防护、救护的知识和技能，但是我们在平时的安全管理中没有针对各种安全事故进行模拟训练，以至于当安全事故发生时，师生没有应对事故的基本技能，由此造成不必要的伤害与损失。正如上述事件，得知小孩溺水后，学校没有采取必要的处理措施，幸亏当时遇到了懂得溺水处理方法的人，避免了一次安全事故的发生。如果学校平时能对全体师生进行安全防患训练，使学生能正确应对触电、食物中毒、溺水等安全事故，那么当事故出现时，我们便能得心应手，不至于手忙脚乱了。要在平时的学校管理工作中做到"料敌制胜"，把学校的安全事故发生率降到最低点，这就要求我们做到以下几点。

一、增强安全防范意识

人们常说，“居安思危”“人无远虑，必有近忧”“凡事预则立，不预则废”。发明飞机涡轮发动机的帕布斯·海恩提出了一个关于飞行安全的“海恩法则”：每一起严重飞行事故的背后，必然有29起轻微事故和300起未遂先兆以及1000起事故隐患。这说明任何一起事故都是有原因的，并且是有征兆的。由此可见，抛弃麻痹大意的思想，对于学校的安全管理尤其重要。我国的学校管理理论中很少探讨学校安全管理问题，即使有，也只是少数校长从自己的实践中获得的一些零散的管理经验。四川汶川、北川地震中受灾的一些学校，为什么有的损失惨重，而桑枣中学却没有人员伤亡呢？其关键就在于学校领导的安全意识强不强。如果学校领导平时就有很强的安全防范意识，找出可能引发安全事故的隐患，并做出具体的安全预案，全体师生经常进行安全事故预防的模拟演练，防患于未然，那么，一些学校安全事故是完全可以避免的。

二、防止安全事故扩大

如果安全事故已经出现，我们就要迅速启动处理预案，对事件的发展趋势作出准确的判断，并控制事态的进一步恶化，防止恐慌蔓延。我们要一边控制事态，一边与家长和上级领导联系，争取家长和领导的支持，同时还要做好与新闻媒体的沟通工作，动员各种力量来共同解决安全事故。例如，靠近笔者学校的安徽一所村小，在一次期末考试期间，校长突然发现学校西北方的上空有龙卷风的征兆，于是迅速通知各个考场的教师组织学生到教室外集中，让学生在雨中相互搂着。当时许多监考教师都反对，认为校长是小题大做，更有的人说这是校长担心自己学校的学生考不好，怕在全镇评比中排倒数才故意安排的。但是几分钟后，学校80%的房屋屋顶被龙卷风掀翻了。这是一个非常成功的安全事故处理案例。如果当时该校长也存在侥幸心理或者没有这方面的经验，也许就会造成伤亡，使之演变成一起可怕的安全事故。

三、做好安全事故善后工作

安全事故总是给学校带来一定的有形或无形的损害，善后工作处理得好不好，直接影响着学校新一轮的发展。一个“常德事件”，让拥有15万员工的三株集团轰然倒下，主要原因就是他们没有做好安全事故的善后工作。同样发生中毒事件的美国强生公司，在事后迅速作出反应，承诺在中毒事件发生后，凡是扔掉泰乐诺胶囊的客户，一个免费电话就可得到2.5美元的赠券，并调查和澄清事实，评估、遏制事件的影响，从而使“泰乐诺”重振雄风。所以在安全事故发生后，我们首先要总结有关的经验教训，这对日后预防或处理这类事件都会有所帮助；其次是挖掘安全事故带来的各种认识和思考，计划将来的行动。

孔子说：“人无远虑，必有近忧。”各种安全事故在任何时刻都有可能在学校发生。我们要让安全防患意识深入每一位师生心灵深处，处处讲安全，时时想安全，把各种可能发生的安全事故处理策略都铭记在心。这样，我们才能做到“料敌制胜”，才能把安全事故处理好，把它的损失和不利影响降到最小范围，并有可能给学校新一轮的发展提供契机。

管理心得

孟子说：“有为者辟若掘井，掘井九轫而不及泉，犹为弃井也。”这句话告诉我们：做事就好比掘井一样，挖了很深还没有见到水，仍然只是一口废井，只有坚持下去，我们才有可能见到水，所以我们做事应持之以恒。我们平时在安全管理工作中也要做到持之以恒，不能半途而废，要把安全防患融入我们的日常管理工作中去，做到“料敌制胜”，这样，当安全事故发生时，我们才能做到得心应手。

借尸还魂

——巧用时机，突破管理瓶颈

《三十六计·借尸还魂》中说：“有用者，不可借；不能用者，求借。借不能用者而用之，匪我求童蒙，童蒙求我。”大意是说，凡是有能力、有作为的人，均不可加以利用，因为难以驾驭和控制；凡是没有能力、无所作为的人，我们要充分地加以利用，因为这类人也需要依附于别人。利用没有能力、无所作为的人并顺势控制他，不是我求助于他，而是他有求于我。这就是所谓的“借尸还魂”。此计作为军事谋略来说，应当是指在失去主动权或处于败局的情况下，要善于利用一切可以利用的东西，变被动为主动，以实现既定的军事意图。

“借尸还魂”出自元代岳伯川《铁拐李·楔子》：“岳寿，谁想你浑家将你尸骸烧化了，我如今着你借尸还魂，尸骸是小李屠，魂灵是岳寿。”相传，八仙之一的铁拐李有一次魂魄离开躯体赶赴太上老君之约，因为神游的时间过长，弟子以为他已经死了，便把他的躯体火化了。等铁拐李魂魄回来后，无处依附，只好附在一个饿死的跛脚人身上。“借尸还魂”原意是说已经死亡的东西，又借助某种形式得以复活，名在“借尸”，实为“还魂”。在战略上，“借尸还魂”就是利用一切可以利用的力量，来实现自己的意图。“借尸还魂”还包含另一层意思，即自己在失败之后，要凭借或利用某种力量，东山再起。“借尸还魂”谋略主张在丧失战争主动权的情况下，应利用一切可以利用的机会争取主动，转败为胜。用在军事上，“借尸还魂”是指利用、支配那些没有作为的势力来达到我方的目的。有人说："世界上没有毫无用处的东西，所谓的垃圾，实际上是放错了地方的宝贝。"据此引申开来，"借尸还魂"就是利用那些被常人当作垃圾的东西为自己的某一目的服务，以便顺利完成大业。此计除了军事上的运用外，在今天社会生活的各个方面也有相当大的使用价值。

历史上，陈胜、吴广领导的第一次农民起义就是通过"借尸还魂"为自己找到揭竿而起的借口的。赤壁大战后，刘备借刘璋这个"尸"，扩充了实力，占据了四川，为以后建立自己的政权打下了坚实的基础。从健力宝企业的发迹史中，我们可以看出，正是通过与许许多多的国内外体育赛事联姻，它才得已不断发展和壮大起来。其宣传势头之猛，套路招式之奇，令业内外人士击节叹服。这些都是"借尸还魂"这一策略的具体应用。

将"借尸还魂"运用到学校管理中，就是要借助其他条件来实现学校的管理目的。下面，笔者就举两个例子来阐明"借尸还魂"在学校管理中的运用。

一、借助偶像的内在魅力来纠正学生的盲目崇拜

偶像，在青少年当中有着很大的影响力。只要一提起某些港台明星，许多学生都是一脸的兴奋，并争先恐后地向教师讲述明星们的故事。他们对明星的崇拜如此强烈是我们始料不及的。如何纠正学生的盲目崇拜心理，引导他们客观地看待明星，是摆在我们管理者面前的一个重要议题。我们学校也曾三番五次以强制手段来制止学生盲目崇拜，但是收效甚微。于是我想，既然用"堵"的方式不行，那何不用"疏导"的方式呢？我们可以借助这些偶像来促进学生学习。其实，偶像作为学生成长过程中的"精神伴侣"，影响着一代又一代人，包括我们在内。随着社会的发展，我们应允许学生所崇拜的对象发生变化。而我们要做的就是让学生树立一个正确的偶像观，让学生产生正确的价值追求。所以在处理学生盲目崇拜这件事上，我决定借助偶像的内在魅力来达到教育学生的目的。

首先，我在教师会上强调所有教师要高度重视学生盲目崇拜这件事，并要正确看待学生崇拜偶像一事。因为偶像是一个人的信念支持和“精神伴侣”，甚至是一个人在成长过程中的“精神拐杖”，如雷锋、张海迪曾经影响过几代人，所以学生崇拜偶像是可以理解的。其次，挖掘明星们对真、善、美的追求，使学生形成正确的价值取向。平时我们要为学生提供有意义的偶像崇拜价值内容，帮助他们对偶像作出正确的判断和评价，培养他们对流行文化的欣赏能力。我们要让学生知道，明星成名的背后有艰辛，有曲折，更有努力；让学生看到，鲜花、掌声的背后，是明星们踏实的工作精神，并以此激发学生努力学习。再次，采用多种教育方式或活动引导学生的心理发展。我们教育工作者有责任在尊重学生的前提下去了解学生，采用形式多样的方法教育、引导学生。例如，教师可以采取讨论的方式，让学生把对偶像的感受说出来，然后大家一起讨论偶像崇拜中的价值追求是什么，什么样的偶像值得崇拜，什么样的偶像不值得崇拜；什么样的东西是美的，什么样的东西是丑的。在与学生的讨论中，教师要多了解明星的事迹，这样才能给予学生更多正确的引导。

有了上面三点共识，一个“借尸还魂”的管理策略就在我的脑海中形成了。要想把学生的思想纠正过来，首先就得弄清楚为什么港台明星会有如此大的魅力。为此，我针对学生中的追星族进行了一次调查。调查结果显示，75％的学生喜欢周杰伦。问他们为什么喜欢周杰伦，他们却说不出个所以然来，有的说他的歌唱得好，有的说他长得帅。看来很多学生对周杰伦的崇拜都属于盲目崇拜。我知道，对于学生的盲目崇拜，不能断然处理，因为当学生十分崇拜偶像的时候，往往也是他们逆反心理最严重的时候，处理不好会起到反作用。如何纠正学生这种错误的崇拜行为呢？我特意上网查了一些有关周杰伦的资料，想了解一下周杰伦为什么会受到这么多学生的喜欢。经过调查，我了解了周杰伦从一个无名小卒到一位巨星的成长轨迹。

于是在一个星期一的升旗仪式上，我给学生宣布了一个研究课题：“大家都比较喜欢周杰伦，但是，却很少有同学知道自己喜欢周杰伦的什么。大家是不是都了解周杰伦呢？了解多少呢？今天，老师就布置一个小课题——调查研究周杰伦，看看他的人、他的歌为什么那么吸引人。大家把他的相关信息搜集起来，下星期先班内交流，然后每班派五名同学参与学校的交流。”到了全校交流的时候，我把各班的学生全部集中到操场上，围成一个圈，每班的学生代表围坐在布置的圆桌旁开展讨论，其余的学生则围坐在旁边听。

讨论一开始，大家都争先恐后列举出自己喜欢周杰伦的理由。

生：我喜欢周杰伦，是因为他很孝顺，他给自己的专辑起名为《叶惠美》，让人们都知道他妈妈的名字。由于妈妈听不清他的歌，他还特意演唱了一首吐字清楚的《东风破》。

生：我喜欢周杰伦，是因为他唱的歌能够催人奋进。如《蜗牛》中唱的："该不该搁下重重的壳/寻找到底哪里有蓝天/随着轻轻的风轻轻地飘/历经的伤都不感觉疼/我要一步一步往上爬/等待阳光静静看着它的脸/小小的天有大大的梦想/重重的壳裹着轻轻的仰望……”我要学习蜗牛坚定的毅力、持之以恒的精神，还要学习蜗牛充满梦想。

生：我喜欢周杰伦，是因为我从他的经历中体会到一个人要想成功，必须要学会忍受，学会努力。从小父亲就离开了他，高中毕业后他在餐馆打工，忍受了那么多的白眼，但最后他成功了。我要学习他不服输的精神。

生：我喜欢周杰伦，是因为他的多才。他精通作词、打球、钢琴、大提琴、吉他、爵士鼓……今后我也要像他那样，做一个多才多艺的人。

……

面对学生各种各样的理由，我知道对学生进行思想教育的时机来了。于是，我又列举了几个明星艰辛的成长史，让学生交流应该学习明星的哪些精神。等到学生交流汇报完后，我总结道："崇拜偶像是可以的，老师也不反对你们崇拜偶像，但是我们一定要了解他们的成名历程，我们要崇拜他们为之奋斗的精神，坚信我们以后的人生道路也一定会像他们那样精彩。”

我的话刚说完，就赢得了学生们一阵阵热烈的掌声。我知道，通过“借尸还魂”这一策略，今天的交流会达到了预期的目的。

二、借助国家政策导向来实现自己的管理目标

现在，许多学校都在向特色学校迈进，都想把自己的学校打造成一所有特色的学校。我们学校也在思考如何打造自己的特色，做到既符合特色学校的相关要求，又符合学生的生活实际，并能让学生乐于参与。所以我就想以地方戏泗州戏作为扳手，通过泗州戏在学校的推广来推动学校的特色发展。但是当我提出这个想法，向全体教师征求意见时，许多教师都持否定的态度，认为这是不务正业，所以一致反对。其实，我知道他们反对的真正理由是不想再为自己增加额外的负担。怎么办？如果强行在学校推行，教师都有抵触情绪，开展起来一定不会顺利。没办法，我只好把这一决定暂时搁置起来，准备先把教师的思想做通。

赶巧了！2008年2月21日，教育部在北京、天津、黑龙江、上海、江苏、浙江、江西、湖北、广东、甘肃等10省（市）的中小学开展“京剧进课堂”试点，确定将15首京剧经典唱段作为中小学音乐课的教学内容。教育部体育卫生司有关负责人指出，将京剧这一国粹纳入九年义务教育阶段音乐课程，旨在贯彻党的十七大精神，传承中华民族优秀文化。相关负责人还强调，京剧艺术普及教育的关键在教师，各试点学校要鼓励广大音乐教师通过各种途径学习，掌握京剧教学的知识和技能。我校地处试点省份，理所当然地要积极推进这项工作的展开。但是真正实施时，我们却发现，有很多问题摆在我们面前。

首先是师资。目前，就我们学校而言，音乐、体育、美术教师都十分缺乏，教师连最基本的乐理知识都不懂，又何谈去教京剧呢？况且，京剧中的服饰、语言、动作都有一定的含义，教师在短时间内是很难深谙其道的。其次是经费。学京剧不能只是教师讲，学生听，那样教学效果肯定不好，它还需要服装、道具、场地等，但是我们学校的经费只能够维持日常办公用，根本没有多余的资金来支持学校京剧的教学。再次，虽然每年都有艺术招考，但却很少考京剧，所以让学生学京剧就有

很多家长不同意，有的家长甚至认为，现在学校每天的课都上不完，根本没有时间教学生戏曲。

针对上述诸多现实，我知道在学校推广京剧十分困难，也可以说几乎是不可能的。那么，如何做好这项工作呢？于是，我又把以前的想法——将学习泗州戏作为我们学校创特色的想法提了出来，并让全体教师考虑，是强行推行京剧呢，还是打个报告，申请在学校推行地方戏。在我们这里，对于黄梅戏、泗州戏，妇孺皆知，包括我们的教师在内，每个人都能哼上几段。但如果推行京剧，教师都要从头学起。所以当我把这个想法与大家交流时，大家一致同意在学校推广泗州戏。我便顺水推舟地说："是的，戏曲进课堂要因地制宜，不能强迫学生为完成一种艺术技巧而进行机械、单调的训练，破坏他们的兴致，使他们丧失对戏曲艺术的兴趣。学校应该选取在本地有一定群众基础的戏曲来让学生学习，就像北京的学生可以学习京剧，湖北的学生可以学习楚剧、湖北大鼓一样，在我们这儿，就以学习黄梅戏和泗州戏为主，其他剧种作为了解就行了。由于这些地方戏曲有群众基础和亲和力，学生更容易接受，对普及传统文化更有帮助。那我就将大家的意见上报给上级吧。"我的话音刚落，就赢得了全体教师的掌声，大家说我能体谅他们的辛苦。我又一次成功地运用了"借尸还魂"的计谋，并实现了自己的管理目标。

管理心得

天时、地利、人和，往往成为人们采取一项军事行动之前对各种成功要素的描述。当某要素不具备时，就需要决策者借助一切可利用的力量来顺利实现自己的预期目标，这就是"借尸还魂"计谋的价值所在。在学校管理过程中，尤其是遇到一些棘手问题时，我们应巧妙地运用"借尸还魂"策略，突破管理瓶颈。

正合奇胜

——灵活执行制度，达到管理目的

《孙子兵法·兵势》中说：“凡战者，以正合，以奇胜。故善出奇者，无穷如天地，不竭如江海。”也就是说大凡作战，都是用“正兵”抵挡敌人的进攻，用“奇兵”出奇制胜。所以善于出奇制胜的将帅，其战术的变化就像天地万物一样无穷无尽，像江河奔流那样生生不息。

这启示我们：学校管理者要想使管理优化，首先要思考的问题就是制定恰当的规章制度，激发教师的内在潜力，让他们更好地为学校服务。《孙子兵法》中所说的“兵势”也警示学校管理者必须要在对学校的基本情况有一个整体把握的基础上，充分利用各种要素，变不利因素为有利因素；开创严谨求实的治学之风，必须在“正”上下功夫；建立必要的学校管理规章制度，然后运用“奇”的策略来达到管理目的，辩证地运用柔性的人文情感和刚性的规范制度进行科学管理，以强化教师的自我调节能力和自我控制力，形成团结求实、奋发向上的教师群体。

金秋十月，正值大忙时节，我隐隐感觉到教师们在学校工作的心态不同以往了，居然出现了有教师迟到、早退的现象。对于这种情况，我真的难以接受，准备严肃处理几位迟到或早退的教师。但是，由于自己年轻，而这些教师中有众多长者（其中有三位是我的老师，还有三位是被撤并学校的原校长），我颇感为难，担心会处理不好。但是我又不能对此事不闻不问，于是我决定先了解情况，问问教师们的想法。

通过了解，我知道了教师们的难处：由于学校地处农村，大部分教师家中有地，通常是忙完学校忙家里，他们提前离校就是想趁没课的时候回家忙农活，因为季节不等人。怎么办？听之任之？这与学校严格的考勤制度格格不入。如果放任这种现象的存在，会不会引起其他教师的不满？但是如果硬按纪律来执行，从情感上又有点说不过去，因为他们在农忙的季节也没有请假，忙完农活又迅速赶回学校上课，从精神上来说也是令人感动的。试想，如果他们都请假在家，忙完农活后再到学校上课，那学校的工作还如何开展下去？怎么办？一连两天，这个问题都萦绕在我的脑海中，理不出半点头绪。孙子曾说过："善战者，求之于势，不责于人。"也就是说善于带兵打仗的人，总是努力创造有利的形势以夺取胜利，而不苛求自己的部属。那我们在进行学校管理的时候，可不可以借助事物内在的力量，因势利导，就像大禹治水一样，采用疏导的方法，按照水的走势采取措施呢？想想以前与教师接触的过程中，我也曾感受到他们对考勤制度的抱怨。他们认为，考勤制度束缚了他们，影响了他们的自主性与能动性的发挥。因为他们有时到学校早，想到班里辅导学生，却担心错过点名而要分心听学校的铃声；当铃声响起时，无论辅导学生到什么程度，他们都要迅速跑到办公室参加点名。可见，这项制度执行起来还是有些不便的。经过慎重考虑，我决定灵活执行学校的考勤制度。

在学校的工作交流会上，我宣布：考勤制度有所调整。首先，实行签到制，对教师每天必须点两次名，但不实行统一点名，早到校的教师签到后，就可以到班中辅导学生或处理业务。实行签到制，教师能自由安排时间，从而能有更多的时间辅导学生，而不必因担心错过点名而中断自己的工作。其次，在农忙的时候，允许他们在调配好自己课务的情况下，在家收种一天。这既能使教师在学校安心教书，又温暖了教师的心，使他们都能认认真真地教好书。在场的教师先是一脸茫然，随即，掌声响起。之后的一段时间，我发现所有教师的脸上都洋溢着快乐。在处理农活与工作的问题上，他们都能严格要求自己，以前经常有教师踏着预备铃缓缓而来，现在离上课还有很长时间，他们就已经在教室辅导学生，等待上课了。对此，我感到很欣慰，因为我再也不用担心教师来到学校后，又偷偷提前溜回家了。

一段时间后，我与一部分教师谈及对这种点名制度的感受时，他们都会不约而同地说同一句话："校长，你心中有我们，能体会到我们的难处，我们还有什么理由不努力工作，好好教书呢?"管理学校，要让冰冷的制度穿上人文的外衣，让教师感受到来自于制度的温暖。对于教师管理，要让学校中的每一位教师都能感受到校长的真情，让每一位教师都能对校长产生发自内心的信任感。在平时的管理过程中，我们要注意做到因校、因人而异，把握好分寸，要充分考虑教师的实际需要，激发他们的工作积极性。一个"过冷"的校长，终会让教师心冷，进而影响教学工作，给学校管理带来不利影响。正如孙子所言："战势不过奇正，奇正之变，不可胜穷也。奇正相生，如循环之无端，孰能穷之哉?""正"，乃用兵之常法；"奇"，乃用兵之变法。"正合奇胜，奇正相生"，一语道破常规与非常规，即一般与特殊的辩证关系。作为学校的管理者，倘若能掌握"正合奇胜，奇正相生"的领导艺术，定会使教育的"正合"之花常开，结出"奇胜"的创新之果!

管理心得

学校管理者要记住：适合的，才是最好的。没有最好的制度，只有最合适的制度。校长对待师生要体贴、亲近，当学校教师的一些行为不符合规定的时候，要先查清原因，然后"对症下药"。这样，学校师生就会受到感染，感受到学校的温暖，看到学校的希望。

修道保法

——制定制度要以校为本，执行制度要以人为本

《孙子兵法·军形》中说："善用兵者，修道而保法，故能为胜败之政。"这句话的意思是说善于用兵的人，一定要修明政治、确保法制，从而掌握战争胜败的决定权。

现在的学校管理实际上也有一个"修道而保法"的问题。在这里，"法"可以理解为学校的各项管理规章制度，而"道"就是要求我们创造有利条件，抓住有利时机来修订、执行规章制度，使其能得到大多数教师的认同，切实为学校管理服务，并能激发教师的工作热情，确保我们的教育能符合"面向现代化，面向世界，面向未来"的要求，实现"有理想，有道德，有文化，有纪律"的育人目标。但是纵观目前的学校管理，一些学校的制度已经"严"到了限制教师人身自由的地步。为让学生考出好成绩，这些学校暗示、鼓励教师搞两个"黑通通"（天不亮到校，天黑了才放学），结果，教师和学生都苦不堪言。在这些学校，制度就像大山一样压得教师喘不过气来，使教师感觉更多的是苦、是累、是郁闷、是无助。在这样的环境下，教师何来工作热情？那么，如何让学校的制度深得人心，让"道"与"法"和谐共生呢？我认为在进行制度管理时，一定要注意以下几点。

一、制度的制定要以校为本

学校管理作为一种社会实践活动，有着共同的规律，所以在管理过程中，我们可以借鉴和学习国内外的先进管理理论和经验，并将其移植

到自己的学校管理中，这样就可以收到事半功倍的效果。但是任何一所学校都有自己的文化背景，任何先进的科学理论都不可能解决某一学校的一切问题，况且任何一种学校管理理论本身也是不断发展和完善的。因此，我们在制定学校规章制度时，一定要以校为本，结合本校的实际，在借鉴和学习的基础上，自主创新，形成具有本校特色的管理理念、管理制度、管理模式和管理技术，促进学校的可持续发展。首先，制定规章制度一定要有群众基础。所谓规章制度，不过是通过某种形式的"尺寸"去调控人们的行为、规范运作的程序，它的对象是人，作用是调控。因此，只有得到人们的认可、支持，执行时又具有调控性能的制度，才能称得上是真正的规章制度。要形成这样的规章制度，必须坚持"从群众中来，到群众中去"的原则。例如，针对我镇以前考风太差的问题，在上学期，我们通过召开教职工代表大会，向教师征求意见稿，修订并一致通过了《归仁镇小学考试制度》，用制度规范各类考试。由于制度的制定走的是群众路线，所以全体教师都能认可，并能自觉执行。其次，坚持在实践中检验的原则。一切规章制度的科学性与可行性都需要在实践中检验。随着时间的推移，所有的规章制度都会显露出它的局限性。所以针对在前两个学期考试中出现的新情况，我们又出台了一份《归仁小学考试补充制度》，并提交教职工代表大会讨论。从用笔到座位的排列，从监考到考务，制度中都有详细的要求，从而有效地扼制了不良考风。

二、制度的执行要以人为本

人本管理已成为当代学校管理的发展趋势，我们要把以"人"为核心的管理思想运用到学校管理中来，充分发挥教职工的工作潜能。无论是管理者还是被管理者，其管理能力、文明程度和知识水平都将在这个现代学校管理模式的运作过程中大大提高，以人为本的管理更能激发教师和学生的创新精神。纵观当前学校管理的实际，我们就会发现，现在的学校都比较注重管理的科学化，强调制定完善、严密的规章制度，强调定量评价。但我们也不难发现，教师的积极性并未随规章制度的完善而提高。不少学校管理者只重视学校管理中的理性因素，只相信严密的结构、周密的计划方案、严格的规章制度和明确的责任分工，将理性作为学校的全部本质属性；不注重人性化，不愿意走进教师内心了解基本情况，只是坐在办公室里乱指挥，或者是高高在上下命令。如此，学校管理的效能也大打折扣。所以我们在执行制度时，首先要做到刚中有柔，柔中有刚，刚柔并济。“刚”就是执行制度时要讲究原则。如果抛开原则，一味宽容，虽能得到大家一时的称赞，但于事业不利，于人也不利。“柔”就是与人为善，讲究方法。如果简单处理，容易使制度僵化，原则难以坚持，其结果有时会适得其反。因此，要使管理工作顺利进行，就不仅要敢管，而且要善管，“敢”字当头，“善”字开路，刚柔相济，相得益彰，既要维护制度的严肃性，又要体现与人为善的人文关怀。其次要有浓厚的文化气息，积淀深厚的文化底蕴。学校管理的实践也表明，没有健全的规章制度，没有合理的组织结构，学校的管理就是不完善的管理。但学校管理仅有完善的规章制度、合理的组织结构等也并非一定能提高管理效率。由于社会的不断发展，人被“物化”的现象也日趋严重，人的主体价值被忽视，人的友好互助、平等合作的精神被淡化，人对社会的责任意识和个性的充分发展受到了影响。因此，在实行制度管理时，必须对学校制度重新定位，以体现教师价值观为核心制定制度。在实行制度管理时，要建立起学校的制度文化，以情从理，以理服法，将“法”放在大家行为的共同规范上，让全体教职工做到不违纪、不犯法。在执行制度时，要渗透尊重、理解、信任等人文精神，营造团结、和谐、奉献、进取的工作氛围，建立宽松、高效、有人情味的校园制度文化，让学校具有浓厚的制度文化气息，积淀深厚的制度文化底蕴。再次，校长要做到以身作则和公正无私。再好的规章制度，如果执行不力，也只能是空话。之所以执行不力，往往都是规章制度制定者的“特殊原因”造成的。所以在执行制度时，作为领导，态度一定要明朗、坚决。校长的人格魅力、工作作风和能力，都会对学校制度的执行起到一定的作用。因此，校长要带动教职工自觉执行规章制度，并形成自觉按规章制度办事的良好习惯。

“修道而保法”就是要求我们在进行学校管理时，要按照教育规律和制胜法则，先从各方面修治“不可胜”之道，维护“必胜”的法则，确保法令的执行，这样就能把制胜的主动权掌握在自己手中了。

管理心得

我们在实行制度管理的同时，要做到情、理、法的和谐统一，既要满足个人的情感需要，又不至于削弱制度的权威，涣散集体的凝聚力；要做到制定制度以校为本，执行制度以人为本。只有这样，学校才能实现可持续发展。

上下同欲

——转换角色，激发热情，共同管理学校

《孙子兵法·谋攻》中说："知胜有五：知可以战与不可以战者胜，识众寡之用者胜，上下同欲者胜，以虞待不虞者胜，将能而君不御者胜。此五者，知胜之道也。"意思是说，预知胜利有五种方法，知道自己什么情况下可以打仗和什么情况下不可以打仗的，能够获胜；根据兵力多少而正确使用战法的，能够获胜；全军上下意愿一致、同心协力的，能够获胜；以有备之师对付无准备之敌的，能够获胜；将帅有指挥才能而君主不加以干预的，能够获胜。这五种就是预知胜利的方法。

这是《孙子兵法·谋攻》中所谈到的带兵打仗预知胜利的方法。其中，"上下同欲者胜"是说官兵同心，上下齐心协力，就可以取得战争的胜利。这是孙子提出的决定战争胜负的一个最根本的条件。孙子在《孙子兵法·始计》中指出："道者，令民与上同意也，故可以与之死，可以与之生，而不畏危也。"就是说，有道的君王，可以使民众与他的意愿一致，这样，民众在战争中，就可以为国君出生入死而不怕危险。在这里，孙子提出的"道"是"上下同欲"最根本、最重要的因素。他特别强调"民与上同意"，即国家实行的是得人心、顺民意的政策、法令、法制等。

那么，在学校管理中，怎样才能做到"上下同欲"呢？最简单也是最有效的办法就是沟通。校长要经常与教师互换角色，不要把自己当作一名领导者，而要把自己视为服务者。其实在社会飞速发展的今天，学

校的管理格局也应改变一下，校长应从领导者的角色转换为引领者、服务者的角色，让教师都能够拥有校长的角色意识，这样，才能使全体教职工“上下同欲”。

时下，许多学者都提出校长与教师要走专业化发展之路，也就是说校长要研究的是如何管理好学校，教师要研究的是如何教好学生。这让一些学校的校长与教师经常误认为各人有各人的角色，二者不能混淆。在学校，要想打造“上下同欲”的局面，教师便不能只拥有教师角色，也要树立校长角色意识，参与学校管理。当学校出现情况的时候，让教师参与处理，就会让教师体会到校长的不容易，这样，我们才能打造一个生态学校，实现和谐、可持续的发展。

让教师拥有校长角色意识，是一个全新的教育理念与管理理念。也许很多人会想，教师如果都做了，还要校长做什么呀？其实并非如此。一个人的管理思维总会出现盲区，想问题、做事情不可能面面俱到，难免会出现失误和纰漏。俗话说的“三个臭皮匠，顶个诸葛亮”也暗含了人多力量大的道理。只有当教师拥有校长的角色意识后，他们才能体会到“当家才知柴米贵”的滋味，就会多为学校着想。时下，我们经常会听到一些如“事不关己，高高挂起”“多一事不如少一事”之类的消极话语，这就是教师缺乏校长意识、缺乏主人翁思想的表现。这也造成了这样一种现象；学校制度上有的，教师都能够做到；制度上没有的，谁也不想做。但如果教师都拥有校长角色意识，都把自己当作学校的主人，他们就会形成一种以校为家的精神，就会珍惜学校的每一分钱、每一分资源。

我刚到山河小学的时候，学校的脏、乱、差是全镇闻名的，师生的精神面貌也不好，教师们都抱着过一天混一天的态度工作。为此，我在全校开展了一次大讨论，内容是“如果你是这所学校的校长，你会如何管理这所学校，如何让这所学校走上良性运转的轨道”。我要求大家不必顾虑我这个校长的感受，想怎么说就怎么说。大家看到我诚恳的态度，给我提了许多建议。当时我就表态：“对于大家提出的问题，你们如果有好的解决办法，完全可以把自己当作学校的校长来处理，处理完后在全校教职工会上通报一下就行了。”其实，当时出台这项机制的时候，我的心也是悬在半空中的，不知道会不会有教师胡来。但是最后证明我的这项决定是对的，教师们全都尽心尽力地为学校的发展出谋划策，而且他们的教育教学任务也不用学校催促就能自觉完成了，学校工作慢慢地走入正轨。比如，当时学校院内有一个臭水塘，每到夏天，污水到处流，给美化、净化校园带来了一定的困难。为此，一位教师建议把学校院子里的池塘填平了布置成花园。可是当时学校一没经费，二没有土源，怎么办？这位教师就说：“就用学校西南角高处的土，咱们自己动手。住在学校附近的王老师把家中的手扶拖拉机也开来了，全校教师共同努力，把池塘填平了。原本需要两千多元才能填平的池塘，我们只花了五十三元钱就填平了。又如，学校没有保安护校，如果聘请外人来护校，那不安全不说，还又得支出一大笔钱。为此，有教师建议由全体教师轮流值班，所有的教师都不要一分钱，无偿为学校护校。我觉得，如果我在行政会议上安排教师们免费为学校值班的话，也许会遭到他们的抵触情绪，但是由于这次是教师们自己提出来的，说明是他们乐意去做这件事，那么，他们一定会把这件事做好。有的教师私下说：“校长把我们当成校长了，自己却成了办事员，这是从内心尊重我们，‘当家才知柴米贵’，我们只能用不乱花学校的一分钱来作为回报。”

我让教师来行使校长的权力，使教师转变角色，让他们知道什么事可以做，什么事不可以做，而我从来只是在旁边默默地支持，只要是有利于学校发展的事情，我从来不干预，这样，不仅形成了“上下同欲”的局面，也正迎合了孙子所谈到的预知胜利的五种方法。毛泽东说：“群众是历史的创造者。”但群众创造历史，不是靠他们的智慧，而是靠他们的热情。”让我们的教师拥有校长角色意识，就是要激发他们的工作热情，让他们永远保持一颗炽热的心，投入学校的工作。

教师拥有校长角色意识，使教师的角色从根本上发生了改变，即从课堂的管理者转变为学校的管理者。教师与校长一样，成为学校教育活动的决策者和管理者，参与制订并执行学校的各项决策，如经费的使用、人员的聘用、课程的编制、教材的选择以及其他各种事务。毫无疑问，这样做有助于提高决策的合理性、全体教师的认同感和决策执行的有效性，也能强化教师对学校的归属感，增强凝聚力。比如，前面提到的填池塘的事，如果是我用行政手段来安排，也许他们就会有抵触情绪，这样就不利于学校的发展了。所以我认为，校长与教师两种角色是可以相互促进、相互迁移的，二者可以互补。

让教师拥有校长角色意识，就是要求我们校长要无限地相信教师的力量。应该说，学校中的每个教师，都有他们各自不同的巨大能量，都能为学校的发展作出不同的贡献。无论是填池塘还是护校，如果我不能够完全相信教师的能力，那么，我就不可能放手让他们这样做。俗话说："疑人不用，用人不疑。"校长在引领学校发展的同时，也要把所有教师都当作学校的主人，激发教师的主人翁意识，尊重教师，关心教师，让教师在平时工作中能做到想学校所想，急学校所急，让学校、校长、教师三方面能够和谐发展，这样，我们才能营造和谐校园，促进学校的可持续发展。

"上下同欲"用现代学校管理理念来解释就是，让学校全体教职工与校长的观念一致，理念、价值观一致，生活、工作的目标一致。如果能够保持这样的一致，所有人就能结合成一个紧密合作的团队，就可以去"冲锋陷阵"而不会畏惧危险。一所学校，无论是领导者，还是普通教职工，只有做到了"同欲"，即所有人拥有和校长同样的价值取向和发展目标，大家才能够朝着同一个方向努力奋斗。"上下同欲"不仅是在战场上打胜仗的关键，也是学校管理中的制胜法宝。学校上下有了一致的价值观念和奋斗目标，所有教职工都能把自己当作校长，体会校长的不易，那么，各种制度的执行也将更加容易。许多时候，所有教职工不再是被制度束缚，而是自觉地遵守纪律，自觉地把工作做好。"人心齐，泰山移"，校长能够与教师团结协作，也就奠定了学校发展与成功的坚实基础。"把教师当作校长"的理念在我们山河小学正在推行，特别是在中层管理人员之中。我们要把教师从传统意义上的教书育人的角色提升为具有现代素质和创新能力的重要资源，增强教师的主人翁意识和责任感，从而实现"人校合一"，实现"上下同欲"。

我认为，要达到“上下同欲”“同心同德”的境界，必须围绕同心、同向、同行、同干这“四同”来做。一是以学校文化促“四同”。要营造良好的学校文化氛围，充分利用学校文化的“凝聚功能”将每个教师的力量凝聚成极大的合力，生出奋发向上的群体意识，激发教师的主观能动性，有成效地推动学校向前发展。二是以多元沟通促“四同”。有效的沟通是促进执行、达到“上下同欲”的好方法。我们可以先与学校骨干教师和中层教干进行一对一的沟通，向他们描述并使其认同学校的发展方向和愿景，并使其能认识到学校发展愿景的实现与其自身的发展息息相关，同时体会到领导对自己的重视，形成强烈的责任感；或者进行分层级的沟通，通过沟通，进一步加强团队意识，达到“四同”效果，实现学校“上下同欲”“同心同德”的境界。

管理心得

学校领导者要善于为学校制订正确的管理思想、管理方针、管理理念和管理战略，最大限度地关心和体现教职工的根本利益，经常与教职工沟通，学会互换角色。只有这样，才能够从根本上调动教职工的积极性，赢得他们的支持和信赖，做到“令民与上同意”“上下同欲”，从而激发全体教职工忠于本职工作，与学校肝胆相照、休戚与共的工作热忱。

率先垂范

——以身作则，用实际行动践行规章制度

“以德服人，天下欣戴，以力服人，天下怨望。”这句话说的是（统治者）如果以良好的德行使人归顺，天下人都喜欢他、爱戴他；如果以武力来折服人，天下人都怨恨他。

宋朝范仲淹《奏上时务书》中的这一名句，对于我们现在的学校管理也十分有借鉴意义。孔子也曾说过：“道之以政，齐之以刑，民免而无耻；道之以德，齐之以礼，有耻且格。”意思是说，用严厉的法律来约束百姓，用酷刑来惩罚他们，老百姓只求能免于遭受惩罚，但却没有羞耻心；如果用道德去引导他们，用礼法来同化他们，那么他们不仅会有羞耻之心，而且会有归服之心。

我们在进行学校管理时，一定要学会以德服人，不要动辄用制度来“惩罚”别人。凡事都要自己带头去遵守，自己要先作出表率，从而对全体师生起到良好的引领作用。

记得这个管理案例发生在2008年秋天。秋季开学第一天，家长带学生来报名，由于相关的管理机制还没有启动，所以校园内就显得有些杂乱无章，前来报名的家长或学生乱扔纸屑或其他杂物的现象十分严重。为了让学生一进校园就能产生一种舒适感，同时也想利用开学这个大好时机对学生进行一次爱护校园、净化校园的教育，我在周一的升旗仪式上对此反复强调，并宣布用严格的制度来惩罚乱扔杂物的学生。之后，我又在全体教师会上再次要求各班利用班会课开展“我爱校园，美

化、净化校园”的教育活动，但是效果都不是太好。后来，我又偷偷安排了几个学生在校园内监督，发现乱丢杂物的学生就报到我这儿来，在学校集会的时候，我当着全体学生的面让这些乱丢杂物的学生检讨，并让他们保证从此不会再乱扔杂物了。这个强制性举措当时起到了一定的威慑作用，学生乱扔杂物的现象逐渐减少。但是，好景不长，过了没多久，这种现象又出现了。怎么办呀？我真的有点“黔驴技穷”的感觉。

没办法，我还是亲自上阵吧。于是，我每天都在校园内转悠，发现有学生乱扔纸屑就让他们随手捡起来，并对其进行教育。一开始，学生都会随手捡起地面上的杂物，并向我保证从今以后不会再扔了。正当我为自己的教育方式自鸣得意的时候，有一天，忽然从身后传来一句不协调的嘀咕声：“自己看到都不捡，还让我们捡，校长有什么了不起!”那语气听上去相当不满。我先是一愣，感到十分意外：今天的学生怎么了，连校长的话都敢反驳？但很快就镇定下来。于是我转过身，微笑着说：“是的，校长真的没有什么了不起的，我来捡。”说完，我弯下腰，把那片纸屑捡起来，走向垃圾桶。随后就听身后传来了学生的议论声：“这下好了，你惨了，敢批评校长，下面就等着挨批评吧。”我扔完纸屑，转过身看到那位学生诚惶诚恐地站在那儿，身边围着好多学生。我想：围在那位学生身边的学生都是在等着看他的笑话吧。理智告诉我，一句说教的话都不能说。我走到他们面前，对他们说：“这位同学说得非常对，校长是人，学生也是人，我们之间是平等的，自己做不到或不想做的事坚决不可以让你们去做，所以从今以后，遇到纸屑我会自己捡起来的，再也不会要求你们去捡纸屑了。”听我说完，学生们不约而同地鼓起了掌，半信半疑地散开了。我在学生的掌声中快速走回办公室，迅速召开全体教师会议。在会上，我向全体教职工强调，以后在校园内见到纸屑等杂物不要再让学生捡了，而要自己捡起来。我心想：我没办法强制学生去捡纸屑，但是我可以要求教师去捡，这样，当学生们见到教师捡杂物，他们会怎么想？他们还好意思不捡吗？还好意思乱扔吗？

我是说到做到。从那以后，我还是每天都在学校转悠，发现纸屑时，我不再让学生捡了，而是自己把它捡起来扔进垃圾桶里。但是有些教师可能心理上还没有越过这个坎，担心走在校园内见到纸屑不能不捡，所以有时就待在办公室或教室不出来。对此，我淡然置之，依然我行我素地捡纸屑。就连当时和我同在这所学校工作的父亲也对我说："你这样做像是学校的清洁工。什么事你都自己做，那还要其他人做什么？你的工作职责就是管理，是给别人安排工作，这才是做校长的样子。"我听后笑了笑说："也许我拾起的不仅仅是一片纸屑。"果然不出我所料，才过了三天，就有教师因为不好意思，主动捡起了自己班清洁区内的纸屑，我身后也时不时地跟着一些学生与我一起捡垃圾。我心中暗自高兴，但是什么也没表现出来，还是继续捡我的垃圾，而且还一边捡垃圾，一边与学生交谈乱扔纸屑与杂物的弊端。慢慢地，学生乱扔垃圾的现象没有了，学校变得整洁了。正如我在一次升旗仪式上讲的一句话："现在我们学校的纸屑与杂物太怕我们学生了，都隐藏起来不敢露面了。"师生们听了，都笑了起来。

孔子说过："过而不改，是谓过矣。"自己有了过错而不去改正，那才是真的错了。当我们知道自己有过失的时候，就要勇于承认，并毫不犹豫地改正，这样，我们才能省去很多不必要的麻烦，不会再为了维护自己的形象而千方百计地去遮掩自己的丑态。我们做校长的，当意识到自己的决策或行动有偏差的时候，一定要及时改正，这样才能在全体师生心目中树立良好的形象，从而影响他们的言行。"君子耻其言而过其行。"我们在平时的管理工作中，要做到少说多做，不要只说不做或多说少做，否则，就会给学校管理造成极大的不良影响。

孔子说："政者，正也，子帅以正，孰敢不正？""先行其言而后从之。"作为校长，对自己所要说的话，要先去实践，做到以后才能说出来，不能只说不做，只有先做后说，率先垂范，才可以取信于人。无论是做校长还是为人处事，首先都要做到一个"正"字，正人先正己，以德服人，用自己的行为来引领全校发展。试想，你本人带头走正路，还有谁敢不走正道呢？校长在某些情况下还要是个性情中人，必须具备一种平等意识，一种"达则兼济天下"的使命感和责任感。校长不能以个人的意志为准绳，不能为了维护自己的“权威”而想方设法掩盖自己的本来面目，因为这样不仅不利于学校的管理工作，也不利于学校的长远发展。

管理心得

俗话说：“桃李不言，下自成蹊。”校长应把自己当成一个领着大家干活的性情中人，不用一点特权，更不凌驾于教师与学生之上。校长要恪守“身教胜于言教”的古训，用自己的言行来引领教师成长，而不是做一个只会发号施令的领导。

言传身教

——正人先正己，以实际行动感染学生

《曾胡治兵语录》中说："知己之过失，即自为承认之地。改去毫无吝惜之心，此最难之事，豪杰之所以为豪杰，圣贤之所以为圣贤，便是此等处磊落过人。能透过此一关，寸心便异常安乐，省得多少纠葛，省得多少遮掩装饰丑态。"这些话告诫我们：当我们知道自己做错事的时候，一定要及时改正，这样，便会让心里常安乐，省得去为自己的过错而遮掩和装饰。

到山河小学工作后，我养成了一个习惯，那就是每天清晨都要在校园里转一转，看看还存在什么问题，或者还有什么要做的。这一天，我还是像往常一样在校园里走动，伴随着我脚步的是学生一声声的"校长好"。我心中感到非常欣慰，看来我校的文明礼貌教育已经上了一个新台阶。正在我享受教育成功的喜悦时，一个不协调的声音出现了："我看校长不好。"什么？我当时真的有点不敢相信这句话是出自一个小学生之口，而且感到很生气。但是凭着多年来的工作经验，我控制住了自己的情绪。我想起了古代的子路，当别人指出他的错误时，他就很高兴；我也想起了大禹，大禹听到有教益的话时，就给人家敬礼。孟子曾这样夸过他们俩："子路，人告之以有过，则喜。禹闻善言，则拜。"现在，学生敢当面说我不好，说明我平时的工作可能还存在失误，我何不就此来审视一下自己呢？想到这，我就蹲下来问："你能说一说为什么

校长不好吗?”当时这个学生就吓呆了，低着头站在那儿。看着他诚惶诚恐的样子，我的心中真不是滋味，因为这说明我的管理与教育已经出了问题，我必须弄清楚原因。于是我对他说：“你说校长不好，那说明我真的不好，因为你们学生的眼睛是雪亮的，所以请你帮我一个忙，说一说我为什么不好，我不好在哪儿，也好让我改正自己的错误。你能告诉我吗?”终于，在我的鼓励下，这个学生说了出来：“你们老师天天要求我们学生向你们问好，那你们为什么不先向我们问好呢?我们向你们问好，你们有时连一点反应都没有，我们也是人，也想受到你们的尊重，但是你们做到了吗?”他的话引起了我的沉思，没想到这名学生竟然说得头头是道，而且直接切入我们管理的核心。我们在学校管理过程中，总是把学生当作受动者，但是现在的学生已经不再像以前那样畏畏缩缩了，他们敢想敢说。每次升旗仪式上，我总是强调学生要讲文明礼貌，无论在哪儿，遇到人都要问好，却忽略了我们人民教师的行为。为什么我们教师不能向学生问好呢?或者最起码回一声好也行呀。就问好这一件小事也反映了我校日常管理中存在的问题：所有让学生做的事情我们都认为是理所当然的，学生就应该按学校和教师的要求去做。这样的教育理念应该改一改了，我们不能还像以往那样硬性要求学生接受教育。因为这样虽然可以使学生在短时间内按我们的话做，但其效果不能长久，时间长了，一旦学生的压力没有了，他们又会恢复原样。正当我沉思时，我抬头一看，身边已经聚集了很多学生，有的学生还在窃窃私语：“这下好了，这个学生就等着挨批吧。”但从更多学生的面部表情来看，他们是站在这个学生一边的。看着围观的学生，我当时就宣布：“从今天起，如果我们老师遇见你们，你们向老师问好，我相信老师也会向你们问好的；如果哪位老师没有回应你，那你从此以后也可以不向这位老师问好。另外，还欢迎你们向我说出你们问好后没有回答你们的老师。”我的话说完，学生鼓起了掌。我在学生的掌声中走进办公室，召集全体教师开一个临时会议……

现在，我们都在学校管理过程中渗透仁爱精神。然而，我们虽有仁爱的心和仁爱的名声，但是学生却感受不到来自于我们的仁爱。我认为，其中的重要原因就是我们不能做到言传身教，要求学生做到的，我们老师自己却做不到。比如，我们要学生不乱丢垃圾，但是我们自己却时不时地乱丢烟头或杂物；要求学生遵守学校规章制度，但是我们自己却不遵守；要求学生说话要用文明用语，但是我们自己说话有时却脏话连篇。这些都会给学生带来不好的影响。长期以来，我们老师往往都是站在讲台上扮演保护者、关爱者，而忽视了学生的观察与思考。这件事引起了我的沉思，如果我当时不蹲下来与学生真诚交流，也许我永远也不会知道学生眼里的老师是什么样子，永远也不会知道学生在观察什么、思考什么；如果不与学生交流，我还会像以往那样要求学生必须做到这个，做到那个，却忽视了学生的自身体验。建立在尊重学生基础上的师爱是神圣的，这种师爱是教育学生的感情基础，学生一旦体会到这种感情，才有可能“亲其师，信其道”。临时会议开完以后，学生向老师问好的更多了，因为他们的问好能得到老师的回应，他们感觉自己受到了尊重，所以都能主动地向老师问好了，而且这种好的效应现在已辐射到其他方面，学生良好的学习与生活习惯正在慢慢形成。

通过这件事，我深深体会到育人的基础就是爱，获得教师的爱是学生普遍的心理需要，但是爱要建立在相互尊重、以身示范的基础上。教师爱的投入会在学生身上得到爱的回报，教师的爱一旦注入学生心田，师生之间情感相通，亲密无间，学生就会对教师产生一种依恋感和信任感，和谐师生关系就容易建立起来。衡量教师是否优秀的第一要素不是看专业水平或教学基本功，而是看其是否具有生命之爱、民主思想和人文情怀；是否懂得尊重，能积极、主动地构建师生平等对话的平台，经常站在学生的立场进行换位思考；是否理解学生，永远保持一颗理解学生的心。

管理心得

孔子说："苟正其身矣，于从政乎何有？不能正其身，如正人何?"如果我们端正了自己的行为，管理学校就不会有什么问题了；如果不能端正自己的行为，学生也不会发生内心地尊重我们。所以在平时的工作中，校长一定要做到言传身教，要求别人做到的，自己要先做到，以实际行动感染学生、影响学生。

沟通协调

——有效沟通，提高教职工工作效率

《孙子兵法·九地》中说：“九地之变，屈伸之利，人情之理，不可不察也。”说的就是（作战中）对各种不同地理条件的处置，对攻防进退等策略的运用，对全军官兵不同心理状态的把握，这些都是（将帅）不能不认真研究和周密考察的问题。

我们做校长也是如此，要学会研究不同的校情、不同教师的心理状态，然后把教师团结在自己的周围，为学校的发展努力工作，这就是摆在我们面前的工作目标，而达到这个目标的最好办法就是沟通与协调。

沟通协调是指管理者在日常工作中妥善处理好与上级、同级、下级等的各种关系，减少摩擦，调动学校教职工各方面工作积极性的能力。一个优秀的管理者，要想做到上级放心、同级热心、下级安心、内外齐心，必须要有良好的沟通协调能力。被后人誉为“王禅老祖”的鬼谷子也深谙作战时与将士沟通协调的作用。虽然他留给我们的《鬼谷子》一书只有上、中、下三卷，分《捭阖》《反应》《内楗》等十三篇，总计不过万言，却既能够让人修炼自身，又能够提供审时度势、均衡各方的技能。下面我们就从鬼谷子有关均衡各方技能的文字来谈一谈如何进行沟通与协调。

其一，要学会倾听。倾听是沟通与协调的重要基础，从礼仪上来看，倾听既是美德，更是智慧。鬼谷子把“捭阖”（也就是开启、闭合）与古代流行的阴阳学说结合起来，深刻地阐述了要掌握沟通与协调的主动权，就应该把开启与闭合完美地结合起来。“捭阖者，道之大化，说之变也。必豫审其变化。吉凶大命系焉。口者，心之门户也。心者，神之主也。意志、喜欲、思虑、智谋，此皆由门户出入。故关之矣捭阖，制之以出入。捭之者，开也，言也，阳也。阖之者，闭也，默也，阴也。阴阳其和，终始其义。”这几句话说的就是，语言表达的正与误，直接关系到人的吉凶，在表达自己的意见与主张之前，一定要善于倾听，熟练控制好语言的“出”与“入”，一方面寻找到语言表达的契合点，让对方完整地表达自己的意图，了解对方的意志、才能及诉求，以探测其真实的意图、目的；另一方面则是稳藏自己的意见，沉默不言，从容应对。所以在沟通与协调的过程中要赢得对方的赞同，有时要开放，有时要封锁，能把开放与封锁灵活运用就可以纵论天下。

其二，把自知与知人结合起来。“欲闻其声反默；欲张反敛；欲高反下；欲取反与。欲开情者，象而比之，以牧其辞”。意思就是，要想听到对方的话，自己反而应先沉默；要想张开，就先关闭；要想升高，就先下降；要想夺取，就先给予。如果仅仅凭借倾听还不能明白对方的底细和真实意图，可以运用“反辞”（也就是正话反说）来试探对方，通过不同的途径反复试探对方的实力，并与自己进行巧妙的比较。只要反反复复地试探，没有摸不到的底细。

其三，上下级之间进行沟通，最重要的是寻求心灵的默契、感应，并选择合适的时机。“君臣上下之事，有远而亲，近而疏；就之不用，去之反求；日进前而不御，遥闻声而相思。”上下级之间的关系十分微妙，有的人尽管离上级很远，但彼此关系仍然十分亲密；有的人尽管在上级身边，反而显得疏远。上级既然是人，就必然具有人之常有的喜怒哀乐，只不过因为管理的需要，必须正襟危坐、一本正经。要想与之交往，就必须着力寻找交流的平台，“或结以道德，或结以党友，或结以财货，或结以采邑。用其意，欲入则入，欲出则出；欲亲则亲，欲疏则疏；欲就则就，欲去则去；欲求则求，欲思则思。若蚨母之从子也；出无间，入无朕。独往独来，莫之能止”。如果知晓了他们的兴趣和爱好，寻找到心灵交汇的切入点，就能随机应变，成为上级信赖之人。

其四，沟通与协调是综合性的技巧，既要眼观六路，又要耳听八方，用心灵去感受人际关系，用睿智洞微知著，用虚怀若谷的气度让天下人为己所用。所谓“目贵明，耳贵聪，心贵智。以天下之目视者，则无不见；以天下之耳听者，则无不闻；以天下之心思虑者，则无不知”说的正是这个道理。

其五，沟通与协调要靠“巧辞”，要对什么人说什么话，要有相应的语言来表达。不要简单直言，要研究谈话的对象，讲究沟通与协调的技巧。另外，在平静的生活中，沟通与协调适合于用理性、平和的方式进行，但要真正走进人的内心世界，就必须抓住情感的暴露点：当人极度兴奋时，就容易流露真情，是沟通的最佳时机；当人极度恐惧时，是无法隐瞒真情的，就需要待其冷静后进行必要的协调和交流。

上面几点是鬼谷子关于沟通协调与平衡各方力量的阐述。其实在我们的学校管理过程中，最重要的管理方法就是沟通与协调。在学校管理中经常出现这样的情景：校长埋怨中层管理者，中层管理者埋怨教师，教师埋怨校长。分析其原因，关键在于执行力不够或没有执行力。我在平时与同事一起聊天的时候，也经常会聊到这个问题：同一件事，在不同的学校处理，会出现不同的结果。很多人往往都把其原因归结为处理问题的环境不同。其实，他们都忽略了一个重要的因素，就是一件事处理得好不好，关键是看我们校长能否与教师沟通与协调好。效能型学校的发展离不开学校管理中人与人之间的相互沟通与协调，新的学校管理方式呼唤校长沟通与协调能力的提高，学校各项工作的落实也必须要通过加强人与人之间的沟通与协调来实现。

一项调查显示：学校存在的问题，70%是由于沟通不力造成的，而这些问题本可以通过沟通来解决。为此，我感觉执行管理制度的真正难点不是激励不足、知识或技能欠缺，也不是缺乏敬业或职业精神，而是我们在执行时都没有触动教师积极行动的“自愿”因子。教师对领导的认可程度与对学校工作的态度往往直接影响其对某件事的执行力度。俗话说：“好的沟通是成功的一半。”不管你信不信，相当多的校长都是追求完美的人，总希望布置给教职工的工作能够及时、有效地完成，但是事情的处理结果却总是不那么完美。可以说，追求完美有时候也是一个校长的缺点。因为如果教师已经做得非常好了，可校长还是不满意，就可能打击教师的工作积极性。如果校长在平时的工作中多与教师沟通与协调，就能更好地管理学校。通过沟通，群策群力，集思广益，就可以形成自上而下的合力，制度执行起来也就更顺畅了。有时学校每个教师的执行力都很强，但是如果学校领导不能与教师进行有效的沟通，让他们的步调与学校保持一致，执行效果就会很差。所以我把学校执行力提高的核心放在有效的沟通上，在平时的工作中经常与学校教师进行沟通，争取获得他们对学校工作的理解与认可，从而增强教师的工作意愿，从根本上提高教师对学校的满意度和认同感，调动他们的积极性。

在与教职工进行沟通时，我们可以掌握好他们的性格特点，了解他们的办事效率，这样，才能更好地分配工作，也才能为提高工作效率作好铺垫。另外，与学校员工沟通时，一定要注意他们的情绪问题，不让他们把情绪积压起来，尤其是对情绪控制能力比较弱的人更应如此。拥有较强的执行力不能靠学校的某一部门或者是某一个人的努力，它需要我们所有执行者共同协调好内部资源。在实际工作中，我经常把学校的远景发展目标及时、全面地与各个层级的教师进行解释，协调好各科室的关系，让他们达成共识。在处理问题时，我们应找出问题的关键所在，分清轻重缓急，不因为琐碎的工作而影响应该做的重要工作，该谁分管的事就由谁来解决，不当二传手，不推诿扯皮，能办的及时办，有困难的想办法办，这样大家才会把所有的热情投入既定的方向、目标中。

子夏说："君子信而后劳其民；未信，则以为厉己也。信而后谏；未信，则以为谤己也。"说的就是有德行的统治者必须先取得信任，然后才能去役使百姓，否则百姓就会以为是在虐待他们；要先取得信任，然后才能去规劝他们，否则他们就会以为是在诽谤他们。所以我们做校长的要学会经常与自己的教职工沟通，协调好他们之间的关系，取得他们的信任，达到正确的人做正确的事，把每件事都做正确的境界，从而让所有教职工都能够想做事、会做事、能做事，把事情做成功。在共同的愿景牵引下，倾力而为，竭力向前，我们学校还有什么做不到的呢？我们不能用校长职位赋予的权力来让教师服从与执行，而要通过沟通与协调来让他们从内心里想工作；不要将自己的主张、意志强加于人，而应顺其自然，不强制，不苛求，因势利导。

管理心得

领导力大师史蒂芬·科维说过："要影响一个人，就必须先了解这个人。而要先了解这个人，就必须先找到自己的心声，然后才能激励他们找到属于他们自己的心声。"真正有领导力的校长应认识到他人的潜力所在，做一个好的听众，虚心听取别人的意见，并通过沟通与协调来激励他人释放潜能，这样，我们就可以发现许多问题原来是很容易解决的。

纲目不疏

——制定精细的制度，促进教师个人与学校共同发展

三国时期杰出的政治家、军事家诸葛亮在谈论兵法时说："明君治其纲纪，政治当有先后，先理纲，后理纪；先理令，后理罚；先理近，后理远；先理内，后理外；先理本，后理末；先理强，后理弱；先理大，后理小；先理上，后理下；先理身，后理人。是以理纲则纪张，理令则罚行，理近则远安，理内则外端，理本则末通，理强则弱伸，理大则小行，理上则下正，理身则人敬，此乃治国之道也。"诸葛亮认为，纲纪是治国之本，"纲目不疏"才能治理好国家。同样，我们要想管理好学校，就应该先制定一系列严密的规章制度，并严格遵守。

"纲目不疏"就是要求我们制定的规章制度要严密，让制度促进教师的可持续发展；要根据学校的实际情况来思考如何实施，针对具体情况制订恰如其分的对策。但是，要使对策恰如其分不是简单的事，其中的分寸、尺度都是非常难以把握的，即便是具有大智慧的人也不一定可以准确把握。所以在实施谋略的时候，如果预感到制订的对策不准确，就不能再继续实施了，要重新考虑新的谋略，并寻找合适的机会把新谋略付诸实施。

那么，如何才能做到"纲目不疏"呢？我认为，要开诚布公地把自己的目的、观点阐述出来，把别人的观点吸纳进来，同时制订隐秘的应变策略，让别人接纳自己，成为他们志同道合的朋友；倾听别人的言论，吸收别人好的观点，去除别人不好的观点，通过别人的言谈举止悟

出他们的真实意图，同时还要让别人摸不透自己的真实意图；总结经验教训，认真思考，不断验证自己谋略实施的过程中是不是做到了“纲目不疏”。

诸葛亮的话告诉我们：在制定规章制度后，一定要分清先后、远近、内外、本末、强弱、大小、人己，只有明白了这些治校细节，我们才能管理好学校。比如，教师绩效考核的根本目的在于调动教师工作的积极性，进而实现学校的管理目标。但是，一些学校因为领导与教师对考核的内容、标准、形式、手段等方面的看法存在差异而闹得不可开交；有的教师认为考核标准有失公允而失去了工作的热情；有些学校领导为找不到一套科学、公正、合理的考核标准而苦恼不已……教师绩效考核成了一个两难问题，成为学校管理层和一线教师“胸口的痛”。如何走出教师绩效考核的阴霾，做到“纲目不疏”呢？我认为，我们的教师绩效考核应避免“四重四轻”。

一、考核对象应避免重个体考核，轻集体考核

研读了多所学校的教师绩效考核方案后，我发现多数考核方案只是对教师个体的努力作出考核，而不是将教师个体与组织紧密联系起来，从促进教师与学校共同成长和发展的角度出发来考核，由此造成了许多教师把工作重心只放在与考核自己相关的工作上，而不顾及学校的整体形象，甚至还有教师相互拆台的现象发生，从而造成个体考核与教师群体考核的不协调，给学校工作带来不利影响。因此，我们的教师绩效考核要将教师个人发展纳入组织管理的范畴，在进行个体考核的同时，要加强集体考核，从而实现组织与个人共同发展。也就是说，我们在评价教师个体工作绩效时，还要注意评价教师所在的各级组织的绩效，避免个人英雄主义，增强教师的全局观念和集体观念，使教师意识到个体的高绩效与组织的高绩效紧密相关，个人成长是与学校的发展联系在一起的，个人应为学校实现目标作出贡献，学校的发展也应促进个体的发展和成长。促进教师工作群体向工作团队转变，这应是教师绩效考核发展功能的重要体现。

二、考核主体应避免重领导考核，轻多维考核

在教师绩效考核的具体实施过程中，考核主体范围的扩大有助于绩效考核的科学化和民主化。而以前我们习惯性的考核方法就是成立考核小组（成员多数是领导与中层教干），然后通过他们来对每一位教师进行考核。这种考核方式有一定的弊端，因为考核主体维度小，所以不能给所有教师一个客观公正的评价。我们在考核过程中，应多用“多维考核”，即在教师绩效考核中，把考核的权力分解到教师、学生、学校领导、家长等各个层面，建立多维考核体系，让被考核者的上级、同事、下属等分别对被考核者进行评价，以保证考核结果的全面和公正。

三、考核形式应避免重结果考核，轻过程考核

结果考核针对的是教育活动的结果，重在鉴定；过程考核针对的是教育活动的过程，重在改进。两种考核方式在教育评价中应该各有所用。然而在过去，我们却常常只重结果考核而轻过程考核。比如，教师甲的课堂教学水平堪称一流，教师乙的课堂教学水平远不能与甲相提并论，甚至连基本的语言表达都成问题，但从最终的考试结果来看，教师乙的学生成绩却屡屡进入年级先进行列。那么，到底谁是好教师呢？管理者也无法“摆平”，只能说：“分数是硬道理，能抓分数的就是好教师。”这也许就是过程与结果的对峙。那么，如何处理这样的一个不是矛盾的“矛盾”呢？这就要求我们在实施教师绩效考核的时候，既要注重结果考核，也要注重过程考核，让结果与过程并重，实行关键事件评价法。我们可以把教师在完成工作任务的过程中所表现出来的特别有效的行为和特别无效的行为记录下来，形成一份书面报告，为考评者提供客观的事实依据。以事实为根据，保存动态的关键事件记录，然后再结合结果进行合理的打分，这样才能让所有教师都对考核结果满意。

四、考核方法要避免重形式考核，轻实效考核

大多数教师绩效考核方案都是把教师的所有工作全部进行量化打分，不看实效，只看摆在眼前的东西。将量化泛化到所有领域，甚至将它作为强化管理的全部手段，显然有失公允。比如，某校《教师绩效考核方案》中的“课堂教学”部分规定：“每人每学年开设校级（及以上）公开课1节，每学期听课不少于20节，读书笔记不少于40篇。”为了完成此目标，开学之初，学校公开课遍地开花，但听课者寥寥。临近年终期末，为了完成听课任务，随机听课的教师穿梭于各教室，并连夜完成读书笔记，甚至出现了有教师在办公室抄袭同行教案以替代现场听课的荒诞之举，问这位教师写的是什么，他却说这只是为了完成任务，写什么并不重要，考核看的只是文字。这样的考核方式就是重“形式”轻“实效”的考核方式，这种考核并不能用考核结果表述被考核者的业绩差距和个人贡献，考核也就失去了应有的意义。我们在进行考核的过程中，应注意考核的实效性，对不同的教师群体采用不同的标准。比如，对年轻、缺乏经验的教师，要加强对其常规工作的监督，要求他们保证一定的坐班时间，认真书写教案，按课堂教学的要求上好每一节课等；而对经验丰富的教师，特别是那些业务能力强、具有强烈的敬业精神和高度责任感的骨干教师，就可以依据情况不按教学常规来管理。

无论是制订考核方案还是执行考核方案，我们都要做到“纲目不疏”。无论是考核内容还是考核方式，只要有一点是我们没有想到的，我们的整个考核效果就会大打折扣。我们都知道，无论在日常生活还是在工作中，“规范”与“制度”都是无处不在、无时不有的，大到一个国家，小到一个学校，都有其规章制度。而现代学校管理也正在从“人治”向“法治”慢慢转变，慢慢过渡。在这样一个时期，我们所制定的规章制度的重要性就不言而喻了。如何制定与实施规章制度是摆在我们校长面前的一个新的难题。如果简单粗暴地执行制度，势必会引起教职工的不满，而如果是“一团和气”，也不利于学校的发展。老子说：“兵强则灭，木强则折。强大处下，柔弱处上。”学校实施制度管理也是如此。如果制度过于刚性的话，在实施过程中就会出现很多意想不到的问题。在当前竞争环境高度错综复杂的情况下，学校必须制订适应环境发展和未来需要的柔性战略，应该像古代的铜钱一样，内方（坚守学校管理的使命和核心价值观）而外圆（在学校管理过程中保留适当的弹性）。我们制定管理制度的目的不在于警戒和惩罚，而在于促进、改善、提高，在于寻求学校发展目标与教师个人成长之间的契合点，只有这样，我们的制度才能有效促进学校的良性发展。

管理心得

学校越是高速发展，风险就越大，这就好比行驶在高速公路上的汽车，稍有一点障碍就会翻车，发生事故。而要想不出现事故，唯一的选择就是不断创新管理制度与管理方式，也就是确立目标，不断打破现有的平衡，建立一个新的平衡，从而使我们的学校在现代化道路上高速发展。

放权放手

——相信自己的员工，让他们各司其职

《孙子兵法·谋攻》中说：“将能而君不御者胜。”意思就是，将帅有指挥才能，而国君不去干预将帅的行动安排，让将帅的才能充分发挥，则军队在战争中就有可能取得胜利。

虽然这里讲的是兵法，事关战争，但对于领导者来说也是一种良好的借鉴。我们在管理过程中要想收到良好的效果，则需借鉴此法，要懂得放权，给手下的干部以足够的活动范围和职权范围，把该属于“将”的权力完全交付给“将”，要充分发挥“将”的积极性、主动性和创造性，允许他们在必要时采取必要的行动，这样才能取得良好的效果。为“君”者最大的悲剧不在于自己有多么愚蠢，而在于不能很好地用人，更进一步说，就是不能把自己的权力分一部分给自己的“将”，从而使自己成为“失道寡助”的一方；同样，为“将”者最大的悲剧也不是自己没有才华，而是遇上一个不敢放权、疑神疑鬼的“君主”，从而使自己处处受制于“君”，不能施展自己的才华。北宋的衰亡，也许不在于“国之不贫，兵之不勇”，而与宋王朝君主制定的“文统武”的文官体制有关。抗金大将岳飞率领的岳家军，在前线节节胜利，但结果是什么呢？等来的是十几道“班师金牌”。北宋的君主完全没有做到“将能而君不御”，反而任用奸佞，残害忠良，最终把自己的政权推向“火炉”。作为“君”，如果不能将决策权下放给自己的“将”，那最终损害的将是双方及整个大局的利益。古代战争讲究“将在外，君命有所不受”，也

正是这个缘故。

将帅应该有相对独立的自主权，应该能够根据现实的情况进行应变，不一定非要按照远方的死命令行事。对于学校管理来说，也是如此。但在这里，并不是说学校的一把手便从此可以撒手不管，把工作分别交由他人去做。学校正如一艘海上航行的巨轮，船长不是去驾驶，也不是去升帆，更不是去掌舵，而是要掌握航向与航线，要处理意外的突发事件，最主要的是要将船上的人有机地组织起来，使他们通力合作，以确保航行的一帆风顺。校长与船长一样，不是要去做具体的某件琐事，而应去做事关大局的方向性、原则性的事情。那些为鸡毛蒜皮的事情忙得不可开交的校长，收获的只能是咸涩的汗水和来自各方的讥笑、中伤。因此，校长应在宏观上管理，微观上放开，大胆地让能干的人去做他们能干的事。

下面这个事例也许对我们学校管理会有所启发。

汉宣帝年间，有一位宰相，名叫丙吉。此人做事很讲分寸，自有一套精明的为官哲学，能将各种关系处理得有条不紊。

一年春天，丙吉乘车在繁华的都市街头经过。正走着，忽然听见远处人声嘈杂，叫骂声一声高过一声。车子继续前行，声音也越来越大，丙吉隐隐看到街中心围着一大群人。等离得更近时，丙吉一看，原来是一群人在斗殴。打斗的双方各有五六个人，有的拿着铁条，有的拎着粗木棒，有的舞动着小板凳，有的抱着石墩子，打作一团。只见棒起棍落，墩砸凳拍，有的喝骂，有的惨叫，有两个人已经被打得头颅开花，殷红的鲜血顺着鼻孔、嘴角流出，脸上、身上也满是血污，惨不忍睹。但那群人仍未罢手，打得还正起劲。围观的不少人高喊着让他们住手，但都无济于事；还有的人实在不忍再看这种惨烈的场面，摇头叹息着走开了。丙吉的车子经过时，他手下的侍从向那群殴斗者看了看，然后对丙吉说："大人，前面是一帮目无王法之徒在群殴，已有两个人被打破了脑袋，还有几个人折了胳膊，断了腿。"丙吉并未说什么，只是点点头，从车子里向外望了望，摆了摆手。侍从问他："大人，是不是要把他们抓来，大人审讯一番，对恶人进行惩处？"丙吉依然什么也没说，只是用力摆手命令车子前行。大家都莫名其妙，却又不敢违抗命令，也不敢去问为什么不管，只好困惑不解地为宰相赶车前行。丙吉在车上神态自若，表情冷淡，好像根本不知道方才的事似的，车子穿过了斗殴现场，继续前行。围观的人也很是疑惑，有的人甚至骂了起来。

宰相的车子又走了一段路，迎面来了一辆牛车，拉车的牛正伸长着舌头，“呼哧呼哧”地喘着粗气，鼻侧唇角满是白沫，很吃力地拉着车子往前走。丙吉突然命令道：“停下，停下！”侍从们不知何事，赶忙停下车子，问：“大人有何吩咐?”丙吉伸手指着那头牛道：“你们看，那头牛伸舌狂喘，不知何故，你们去问问牛的主人，这头牛是怎么啦，是不是得了什么病?”侍从们比刚才还要惊诧，心中暗想，大人今天这是怎么啦？刚才有人群殴群斗，都快闹出人命了，大人却充耳不闻，不理不睬，像没事人一样穿场而过；这会儿仅一头拉车的牛喘喘气就叫我们去打听原因，牛命倒比人命重要？这不是本末倒置吗？众人疑惑，愣着不动。

丙吉见状，扫视了一下众人，微微地笑了，说：“你们是不是觉得我这个宰相不分轻重，不爱惜人民性命，却怜惜一头牛啊?”侍从们赶紧行礼，说：“还望大人赐教。”丙吉一笑，问道：“你们可知这是何处所在?”众人又是一愣，有人答道：“大人，这不是长安城吗?”丙吉又问：“既然是长安城，这长安城由谁负责治理呢?”众人忙回答：“大人，当然是长安的长安令或京兆尹大人的职责。”丙吉点头说：“是啊，我的职责是要每年评定他们的勤务功过，然后再将赏罚情况上报圣上。这取缔群殴群斗之事本属他们分内之事，本官没有必要去查管。假如本官一一参与这些琐碎小事，哪里还有时间去处理别的事情呢?”众人称是。丙吉又问：“你们可知现在是什么时节?”众人道：“初春时节。”宰相丙吉点头，说：“常言道：‘一年之计在于春。’春天是一年的开始，尤其是初春，春雷惊响，万物复苏。那头牛却在此时节吐着长舌喘气不止，我担心这是阴阳不调之兆，而本官的职责之一就是要调顺阴阳。阴阳是否调顺，关系到国计民生，事关百姓一年的生计，本官又岂能不理不问？故此才派你们去问牛喘气的原因，绝非本官不爱惜民众。”众人这才恍然大悟，纷纷称赞宰相的英明决断。

这则故事中，宰相丙吉看似没有分清轻重，顾惜牛却不顾惜人，其实，他是该管的管，该放的放，有轻有重。两件事相比较，真正重要的应是牛喘气之事，群殴不过是几个人的事，而牛喘气所征兆的是阴阳是否调顺，事关万民的耕种生计，决定着一年的收成是丰是欠，影响到国家的收入，当然是宰相必管之事。由此再来联系我们的学校管理工作，在管理工作中，每个人，无论是领导还是教师，职责都是有区别的，每个人都必须明白自己该做什么，不该做什么。特别是校长，在学校管理过程中，不能“眉毛胡子一把抓”，是自己工作职责范围内的事，就必须做好，不应有任何理由和借口；不是自己职责范围内的事，则尽量不要插手。韩非子甚至强调要严罚那些越职管闲事的人。虽然这种说法有失偏颇，但也确实是从一个侧面说明了各守其位、各司其职的重要性。

另外，为“君”者不要因为“将”冲撞了自己就给对方“小鞋”穿，而要有大度量，只要不违反原则，就要容纳得了“将”的种种直率与缺点。孔子说：“君待臣以敬，臣事君以忠。”只要为“君”的人能对自己的“将”以礼相待，那么“将”就会“事君以忠”，上报国家，下护黎民。《孙子兵法》认为，为“君”者一定要重视与“将”的关系，两者配合得好，国家就会兴旺；两者配合得不好，国家就要衰败。而这与易经中“阴阳两配，刚柔相济”的道理是一样的，乾在上，地在下，讲求一种上下的默契。《周易·泰·彖传》中提到：“泰，小往大来，吉亨。则是天地交而万物通也，上下交而其志同也。”又说：“天地以气交，气交而物通者，天地之泰也。上下以心交，心交而志同者，上下之泰也。”这些都说明了将帅对大到一个国家，小到一个集体、一个单位的重要性。如果将帅有指挥才能，那么君主就不要干预他们做事。同样，我们在工作中只有做到与下属心照不宣，心往一处想，劲儿往一处使，才有可能做好各项工作。《孙子兵法》说：“夫将者，国之辅也。辅周则国必强，辅隙则国必弱。”什么叫“辅周”？就是君与将配合默契、相互信任，不存猜忌之心。什么叫“辅隙”？就是君与将配合不默契，且相互猜忌，彼此不信任。配合默契，相互信任，国家必强；配合不默契，相互不信任，国家必弱。因此，我们在学校管理过程中，对于自己的手下，要么不用；如果用了，就要相信他们能做好自己的分内工作。俗话说："疑人不用，用人不疑。"用了，我们就要学会放权、放手，让他们充分施展自己的才华。对于自己的"将"，要善而待之、宽而待之、信而待之，如此才能使"将"真正成为自己的得力助手。但是要注意，校长在驾驭"将"时，并不是完全不管，而是要做到时刻与"将"保持密切的沟通，以防过分放任或过分骄纵。

管理心得

在学校管理中，每一个人都有自己的职责与权力范围，我们做校长的心里要明白自己该做什么，不该做什么，在自己职责范围内的事情一定要做好，不能以任何理由来推辞，而那些不是自己管的事，就要学会放权，充分相信学校的职能部门能处理好他们分内的事。

学会分享

——营造轻松氛围，快乐分享感悟

《孙子兵法·始计》中说：“道者，令民与上同意也，故可以与之死，可以与之生，而不畏危。”意思就是，要让民众与君主的意愿一致，这样，就可以让他们在战争中为国君出生入死，不怕危险。

古人常用“得道多助，失道寡助”“得道者昌，失道者亡”来说明“得道”在治国与治军中的决定作用。历代兵家对此都十分重视。唐代军事家贾林说：“将能以道为心，与人同利共患，则士卒服，自然心与上者同也。”宋代文学家王皙说：“道，谓主有道，能得民心也。夫得民之心者，所以得死力也；得死力者，所以济患难也。”

这些对于我们学校管理都有很大的启发。学校的任何一件事情或一项任务都不是仅凭一个人可以完成的，而是必须依靠团队成员之间的互相合作。因此，任何的胜利和荣誉也都是属于整个团队的。校长要学会与教职工分享这些快乐，分享学校里发生的每一件伤心的事或高兴的事。因为一个人要想取得大的成功，就要学会与人分享。分享是一种境界，是一种智慧的升华，是与人方便、自己方便的感悟。分享爱，分享劳动，分享喜悦，乃至分享痛苦，这都是一个团队所需要的，只有这样，校长才能“得民心，顺民意”，从而促进学校的发展。

我曾经看到过这样一个案例。一家大型家族企业的董事长年事已高，打算好好锻炼一下自己的儿子，他让儿子以一名普通员工的身份到各个办公室体验一下。这个年轻人参观了不少办公室，也学到了不少东西。他发现绝大多数办公室看起来都是忙忙碌碌，大家似乎连笑的时间都没有，唯独市场部的一个办公室里总是洋溢着笑声，而且他们的业绩在全公司是最好的。他很奇怪，便决定在这间办公室多待一段时间。经过一段时间的观察，他发现，秘密竟然在一个叫老王的职员身上。老王的学历不高，薪水也不是很多，但他最大的特点就是特别喜欢和别人分享一些自己的事。比如爱人生了女儿，他一大早就冲到公司对大家喊："我当爸爸了！"每个月发了奖金，虽然他拿的比别人少，但他总是会买些零食分发给大家，说："来来来，发奖金了，我请客。"每次擦自己的办公桌的时候，他也会帮那些不在的同事一起收拾干净。别人有什么事，只要是能帮得上忙的，他二话不说，马上过去帮忙。

在老王的带动下，整个办公室的人都十分开朗，大家的集体活动也比较多，下班以后经常一起出去玩，而不是像其他部门那样各回各家。在这样的环境中，大家的工作效率自然就提高了很多。

几个月后，董事长问儿子："在这几个月里，你都学到了什么？"年轻人回答："我学到了很多东西，但是最重要的一点就是学会了与人分享。"

懂得分享是一种聪明的生存之道。当我们摒弃自私行为，为别人付出的时候，从某种程度上就是在帮助自己。因为在这个崇尚合作的社会里，没有一个人能独自担当全部工作，一个人的价值往往体现在与别人互助的基础之上。许多时候，与人分享自己所拥有的东西，我们才能找到自己的位置和方向。

目前有很多校长，整天板着脸，要么在校园内转悠，发现问题就找来相关部门的负责人批评，并限期整改；要么坐在自己的办公室内一言不发，构思发展学校的"宏伟蓝图"。其实这些做法都是错误的，我们校长要学会与教师交流，与教师分享学校或自己的事情，这样时间长了，教师就会感受到来自领导的关心。比如，开会是学校管理过程中一个必不可少的环节，但是我们很多学校开会时都是领导在台上"一言堂"，按照自己会前列好的提纲一点点来说，要么是传达会议精神，要么是安排近期工作，要么是总结前面的工作，梳理以后的工作思路等，而参加会议的教师则只能听着，听完后就回到各自的部门，各做各的工作。这种开会的方式是枯燥的，除了领导，其他的人都是被动地听，被动地做，没有积极性，没有创新性。而如果我们领导者在会议过程中能学会与其他人分享自己的经验与做法，那么会后，他们就可能会有许多好的想法在头脑中形成。

在通用电气公司，就存在着这样的先例。通用电气公司执行委员会每年都会在固定的时间举行集会，他们的前CEO杰克·韦尔奇为了使会议在轻松的气氛下召开，从来没有制订过一个正式的会议议程。在会前，他只是发一份便函，让各部门了解可能要集中讨论的某个专题。除此以外，没有任何预定的程序。而在开会期间，他力求让整个会议在随意、非正式的气氛中进行，任何人都可以针对一些问题进行发言。虽然有些问题的专业性很强，但是随着大家发言的不断深入，同事们彼此之间就可以相互沟通与学习。而一些好的做法与经验，韦尔奇也不强求每一个都全面推广。韦尔奇曾经自豪地说过："当会议从这里结束后，当执行委员会成员从这里离开后，他们可能不是世界上最聪明的人，但是他们可能是最博学的人。因为在会议期间，他们学会了分享信息，所有人都知道了自己下一步的努力方向，而这样的会议就像一个家庭俱乐部，大家都很快乐。"

韦尔奇的做法可以使我们得到一些启发。在这个日新月异的年代，学校要不断开拓创新，就应该让所有员工都参与决策，并使他们充分获得决策所需要的重要信息。有些校长取得了一些成就，往往就会居功自傲，而且不喜欢把自己的东西拿出来与其他人分享，认为那样就显示不出自己的才华了，这样做就是大错特错了。子路问孔子："何如斯可谓之士？"孔子说："切切偲偲，怡怡如也，可谓士矣。朋友切切偲偲，兄弟怡怡。"也就是说，只要做到互相帮助、互相督促、互相勉励，和和气气地相处，就可以算是"士"了。朋友相处要互相督促和勉励，兄弟相处要和和气气。学校也要打破现有的管理模式，校长要把自己融入团队，与教师和睦相处，相互帮助，相互督促，相互勉励，与教师分享自己或学校的事，缩小自己与教师的距离。当我们真正进入教师集体中时，就会发现，我们的能力会在团队中被无限地放大，从而达到一个共同的目标。

管理心得

学校管理不是仅仅依靠校长一个人就可以实现的，没有一个人能处理好全部事情，校长的价值往往就体现在与别人分享与互助的基础之上。我们要摒弃独断的行为，把自己融入教师团队中，经常与教师分享自己的困惑与成功，分析各自的优点与缺点，促进自己与教师共同进步。

融洽无间

——心存“五心”，使学校干群关系和谐

《孙子兵法·行军》中说：“令素行者，与众相得也。”意思是平时命令能够得到贯彻执行，是因为军队统帅和部属关系融洽，得到了他们的支持和拥戴。

目前学校里的干群关系达到融洽程度的却很少，有的校长与部分教师甚至处于敌对状态。很多教师在工作时只是被动地接受学校领导的安排，对工作没有一种发自内心的向往，总是把自己与领导隔离开来，有时候还会因种种原因在领导面前掩藏自己真实的想法与看法，即使遇到困难也不愿向学校领导求助。这说明了什么呢？说明了我们在平时工作中没能与教师很好地沟通，没有搭建一种和谐的干群关系。这些现象的存在，都在无形中给我们学校的各项工作带来了负面影响。那么，如何让教师敢于表达看法，更加信赖校长，使学校干群关系和谐呢？

《黄石公三略》一书中谈到：“道、德、仁、义、礼，五者一体也。道者人之所蹈，德者人之所得，仁者人之所亲，义者人之所宜，礼者人之所体，不可无一焉。”所谓的“道”，就是人类生存、万物运行所遵循的自然法则。天下芸芸万物，世事循环，都在无形中遵循着“道”，然而“道”的真正内涵却没有多少人能深刻领会。在这里，我认为所谓的“道”，就是我们要学会珍惜。珍惜你的工作，你才能安心工作；珍惜你身边的人，你才能与人和睦相处；珍惜你现在的拥有，你才能满足，这些都是我们人类生存要遵循的自然法则。“德”，则是涵盖了一切美好品

行的道德范畴。“德”可以使人各尽其能、各得其所，使万物顺应自然、各有所得。那么，作为校长，我们如何让学校所有教职工都能各尽其能、各得其所呢？我想关键是要有一种服务意识，通过自己的服务来激发教职工的工作潜能。“仁”是一种含义极广的道德范畴，蕴含着互助、互爱的意思，其基本含义是指对他人的尊重和友爱。人与人之间应互助互爱，对万物应怀有慈悲恻隐之心，使得天下万物都能随其所愿，各有所成。“义”是一种为人处世的道德规范，指的是公正合宜的道德或行为。判断事物义或不义，就要看行事是否合乎事理，赏罚是否分明，是否使有功有过的人各得其宜。只有万事公正合理，才会使人们乐于发挥自身的才智，进而激发人们建功立业的热情，从而使得各项事业兴旺发达。“礼”，从大的方面来说，是一个国家的各项制度；从小的方面来说，是为人处世应遵循的准则和规范，是社会活动中必不可少的礼节与仪式。我们要常怀一颗感恩的心来对待身边的人和事，不论是饮食起居，还是与人交往，我们都必须遵循一定的礼仪规范，这样，社会才能安定有序，百姓才能安居乐业，和睦相处。基于以上几点，我认为要想让我们学校的干群关系融洽无间，我们校长要拥有下面五种心态。

一、拥有一颗珍惜之心——遵循“道”

社会发展日新月异，工作要求不断提高，教师的流动性也变得非常大。“铁打的营盘流水的兵”，这也是学校发展过程中必然出现的现象，我们校长必须遵循这个“道”，以正确的心态来处理这件事。俗话说：“人往高处走，水往低处流。”教师的流动是正常的，当面临更好的发展机会，或是一个更能发挥自己才能的地方，又有谁不想去呢？我们校长要做的就是学会珍惜，珍惜身边的人，祝福走出去的人。当别人感受到你的感情时，才能产生情感的共鸣，这样也就一定会有教师选择留下。孔子说过：“德不孤，必有邻。”意思就是说，有道德的人是不会孤单的，一定会有志同道合的人来和他相伴。从学校走出去的教师也许比新进入学校的教师优秀，但我们作为校长，不能拿过去教师的优点与现在教师的缺点相比。每一位教师身上都有闪光点，我们要紧紧抓住这些人身上的闪光点，把它放大，不能因为其他因素而忽略了教师身上的长处。我们要有一颗珍惜之心，认识到在一起工作就是一种缘分，对所有教师都一视同仁，这样才能使我们的教师感受到校长的魅力。

二、拥有一颗服务之心——常怀“德”

“管理就是服务”是近几年来提出的一个新的管理理念，也就是说学校管理者应该是为学校、教师、学生服务的人。人生来就有欲望，如希望得到权势、地位、美食、爱情等。有些欲望无法得到满足，根本原因在于我们自身的德行不够。现在许多人只要坐上“校长”这把椅子，就会独断专行，什么事情都唯我独尊，结果造成了学校内部关系紧张，校长成了孤家寡人。其实，这都是因为校长没有服务理念，没有服务之德。“天下唯有德者居之”，有了德，君臣、父子才会各尽其责，各得其位；鱼虫草木才能依从自然规律生息繁衍。大的欲求之所以能成就大的业绩，小的欲求之所以能达成小的成就，也是因为有“德”的缘故。近到小小的个体，远到天下万物，只要依德而行，都会有所欲便有所成。如果我们校长能常怀一颗服务之心，那么我们的“德”就会被无形地放大，时间长了，教师就会主动走近我们，与我们做知心朋友，也就会畅所欲言。如果我们把自己当作学校的领导，平时只是发号施令，不能把服务理念落实到行动当中，那么时间久了，教职工也就会慢慢与我们疏远了。孔子说过：“德之不修，学之不讲，闻义不能徙，不善不能改，是吾忧也。”说的就是许多人不去修养品德，不去讲求学问，听到义不能去做，有了不善的事不能改正，这些都是我（孔子）所忧虑的。所以我们不能因为自己是领导，就对教师指手画脚，而要用自己的服务来促进教师的成长，在教师获得成功时，学会分享教师的教学经验和心得体会，并在必要的时候给予适当的建议，这样才会让教师感觉我们平易近人，从而自觉来到我们的身边。“上天有好生之德”，是指四季变化有序，气候适宜，风调雨顺，使万物生长欣欣向荣；“大地有载物之厚”，则是指天下万物都有赖以生存的物质条件，山川河流都有自身存在的不同意义。对于人来说，修德就在于学会帮助别人、服务别人。

三、拥有一颗仁爱之心——践行“仁”

“仁”是儒家思想的核心，孔子把“仁”作为最高的道德原则、道德标准和道德境界，把“仁”作为实践中的指导思想并使之贯穿于诸道德中。孔子把“仁”定义为“爱人”，并解释说：“夫仁者，己欲立而立人，己欲达而达人。”“己所不欲，勿施于人。”“克己复礼为仁。一日克己复礼，天下归仁焉。”孟子也曾说过：“仁言不如仁声之人人深也，善政不如善教之得民也。善政，民畏之；善教，民爱之。善政得民财，善教得民心。”意思就是，仁德的言语不如仁德的声望那样深入人心，好的政令不如好的教育那样赢得民众。好的政令，百姓畏服；好的教育，百姓喜爱。好的政令得到百姓的财富，好的教育得到百姓的心。因此，校长要有高尚的情怀，要爱自己的学校、教师、学生，微笑待人，真诚地倾听教师和学生的心声，并了解他们所要传达的信息。在倾听的同时，校长必须以诚恳的态度，怀着一颗仁爱之心，去体会诉说者的心情。只有认真地倾听，才能建立彼此之间相互信任的关系。我们校长不能把“以人为本”的管理当作一个口号，而必须实实在在地关爱人，满足人的合情合理的需要，这样别人才会接纳我们，我们的仁爱也就在行动中体现出来了。

四、拥有一颗宽容之心——彰显“义”

只有按照事理即事物的规律去判断、处理事物，才能使“义”得到真正的体现。赏善罚恶，使好的、善的得到发扬，使坏的、恶的得到惩治，这就是“义”。如果能使每个人发挥才智，建功立业，那就说明“义”已经得到了落实。一次上级领导到我们学校检查，发现有一位教师坐着上课，便狠狠地批评了他。当时我也很生气，因为按规定教师不能坐着上课，他却明知故犯。后来这位教师向我解释，我才知道是因为他的疝气又犯了，必须坐着用一只手托着才能支撑住。为了不耽误学生的课，他想坚持到国庆节放假时再到医院做手术。我听到后，立刻找到领导解释。领导了解真相后，非但没有对这位教师进行通报批评，还在全镇对他进行了通报表扬。这件事也让这位教师工作更努力了，有什么话更愿与我说了。孟子说过："人皆有不忍人之心。先王有不忍人之心，斯有不忍人之政矣。以不忍人之心，行不忍人之政，治天下可运之掌上。"意思就是，每个人都有怜悯、体恤别人的情感。先王有怜悯、体恤别人的情感，所以才有怜悯、体恤百姓的政治。用怜悯、体恤别人的情感，施行怜悯、体恤百姓的政治，治理天下就可以像在手掌里运转东西一样容易了。作为校长，我们要有宽容之心，这样才能缩短与教师的距离，才能架起友谊的桥梁。对待教师犯的一些错误，我们校长必须有一颗包容之心，多做换位思考，时间久了，还会有教师不把校长当知心朋友吗？

五、拥有一颗感恩之心——合乎"礼"

"礼"原是宗教祭祀仪式上的一种仪态。《说文解字》中说："礼，履也，所以事神致福也。"孔子说过，不合乎礼的不去看，不合乎礼的不去听，不合乎礼的不去说，不合乎礼的不去做。儒家认为人人遵守符合其身份和地位的行为规范，便"礼达而分定"，即达到孔子所说的尊卑、长幼、亲疏有别的理想境界，社会秩序便可维持，国家便可以长治久安；反之，弃礼而不用，或不遵守符合身份、地位的行为规范，就会"礼不行则上下昏"。老子也说过："圣人无常心，以百姓心为心。善者，吾善之，不善者，吾亦善之，德善。信者，吾信之，不信者，吾亦信之，德信。"意思是说，圣人没有固定不变的意志，而是以百姓的意志为意志。善良的人，我以善良对待他；不善良的人，我也以善良对待他，这样天下人的品德都善良了。诚信的人，我以诚信对待他；不诚信的人，我也以诚信对待他，这样天下人的品德都诚信了。作为校长，我们不能以自我意志限定教师的意志，而要反过来，以教师的意志决定自己的意志，这就叫"顺应自然，符合大道"。这样，我们校长与教师之间的隔阂才能打破，距离才能消除，从而达到"人我合一，天我合一"的境界。当学校取得一些成绩的时候，我们校长要学会感恩，要感谢身边的教师，正是因为他们的帮助，我们才有现在的成绩；不要认为成绩的取得是因为自己管理有方，更不能因此忽略了教师的感受。要知道，我们取得的成绩是全体教师共同努力的结果，并不全是我们校长个人的功劳。校长要把教师的点滴进步都当作对自己工作的支持，要从内心感谢他们，并把所有的感激化作一股强大的动力，在全校形成一种互帮互爱的氛围。

管理心得

子路问孔子什么是君子时，孔子回答他说："修己以敬""修己以安人""修己以安百姓"。这向我们阐明了做领导的真正内涵：修己，保持严肃、恭敬的态度，这是第一种境界；修己，使周围的人安乐，这是第二种境界；修己，使所有百姓都安乐，这是第三种境界。其实，孔子所说的这三种境界也是我们校长立身处世与管理学校应达到的境界。

依查促进

——因人因时而异，做好检查工作

《孙子兵法·始计》中说："将听吾计，用之必胜，留之；将不听吾计，用之必败，去之。"意思就是，将帅如果听从我的谋划，用兵打仗一定会取胜，我就留下来；将帅如果不听从我的谋划，指挥作战就一定会失败，那么我就离去。

那么如何让将帅听从自己的安排呢？运用到学校管理中，如何才能让教职工心中装着学校呢？如何才能让布置的工作顺利完成呢？我想，还是要通过检查来实现这个目的。检查工作是学校管理过程中的重要一环，任何工作都离不开检查，检查既是对以前工作的一种肯定与鞭策，也是对以后工作的一种鼓励和促进。但是，目前的学校检查工作，许多都没有充分发挥它应有的作用。有时检查是"剑走偏锋"，不顾及教师的实际情况；有时是"和谐"一片，你好我好大家好。如何利用"检查"这个杠杆来激发教师的工作热情和积极性，让其更好地为学校管理工作服务，是摆在我们学校管理者面前的一个新问题。回顾在山河小学做管理工作的经历，我认为检查工作要因人、因校而异，在不同的学校，或是在同一所学校不同的管理阶段，检查的策略也应有所不同。

一、查积分

我刚到山河小学的时候，多数教师的年龄都接近五十岁，工作上没有进取心。一些教师经常是小病大养，无病呻吟，自由散漫；工作拖拉、不备课进课堂等现象经常出现，导致学校各项工作都处于全镇的后列。面对这样一个集体，刚做校长的我伤透了脑筋。如何扭转这个局面？我召开中层教干会议，通过研究，决定实行积分制。平时的常规检查基础分是 100 分，按一定的比例分配到考勤、课堂教学等学校管理的各个环节中，同时出台各项检查细则，按照检查细则进行严格检查，做得好就加分，做不到位就减分。每一个月进行一次总结表彰，积分在全校前三名的教师分别奖励 50 元、40 元、30 元，积分倒数三名的教师分别罚 30 元、20 元、10 元。该检查方案试行后，教师的工作状况大大改观，教师自由散漫的现象逐渐减少，教学秩序也逐渐趋于正常。期末全镇考评，我们学校的综合排名上升了近十个名次，甩掉了落后的帽子。我认为，当学校的整体氛围都不好的时候，只有实行检查制度，才能把教师的工作纳入良性的轨道。

二、查自律

积分制实行了一年，学校教师已经进入了良好的工作状态，负责检查的中层教干纷纷与我交流，说现在不适合再实行积分制了，因为教师们都做得很好，没有明显的差别，再实行积分制可能会出现人为的不稳定因素。听了他们的建议，我们在第二年实行了查自律，也就是学校的检查不再实行罚款制度，一切靠自觉执行。学校把检查的权力交给学生，并设立校长信箱，鼓励学生记录教师做得好的地方或者还需改进的地方，然后把这些信息反馈给教师。我们把学生的想法用短信、纸条或谈话的方式传递给教师，从而让教师约束自己的言行。这样一来，教师的自尊心得到了保护，他们工作时都能够做到严于律己，工作热情再一次提升。

三、查奉献

经过几年的制度化管理加人性化管理，我们学校的教师都能做到心往一处想，劲儿往一处使，学校工作也不再需要我这个做校长的来操心了，我在不在学校都是一个样，教师们都能做好自己的本职工作。但是，这还不是我想要的学校的工作状态，我认为必须让教师能够自己发现问题，并且自觉帮学校处理好问题。这就需要教师有奉献精神，把学校当成自己的家，把学校的事情当作自己的事情。所以第三阶段我实行查奉献，也就是我们学校的检查不再局限于常规的教育教学，而是要看教师为学校做了哪些职责范围之外的事，这样的检查起到了激发教师工作热情的作用。

科曼在“领导的生命周期模式”理论中指出，随着下属由不成熟而走向成熟，领导行为应按下列程序逐步推进：命令型—说服型—参与型—授权型。我们的学校检查策略也要随着学校全体教职工的成熟度而不断调整，也就是要根据教师承担责任的意愿与能力的不同而不同，应依据学校的整体工作环境而采用不同的检查策略，创造一个有利于全体教职工发挥才能和成长发展的环境，激发他们的主人翁责任感，调动他们的积极性，只有这样，我们的检查才能起到应有的效果，我们的学校才能具备源源不断的发展后劲。

管理心得

孙子说：“计利以听，乃为之势，以佐其外。势者，因利而制权也。”意思就是，战略规划确定以后，就要考虑“势”的问题，以辅助对外的军事行动。所谓“势”，就是根据利己的原则，灵活机动地运用兵力获得战争的主动权。虽然检查是我们学校管理中必不可少的管理环节，但是如何运用好“检查”这根杠杆为我们的学校管理服务，是我们要思考的问题。我们应针对不同的校情、不同的对象，采用不同的检查方法，而不能只是千篇一律地模仿或一成不变地机械检查，即要因人、因校、因时、因情进行检查，只有这样，才能让我们的检查真正为我们的管理服务。

运筹帷幄

——学习名师课堂教学模式，做到形神兼备

《孙子兵法·九变》中说：“是故智者之虑，必杂于利害。杂于利而务可信也，杂于害而患可解也。”说的就是聪明的将帅考虑问题，必须兼顾“利”与“害”两个方面。在不利的情况下考虑到有利的因素，大事就可以顺利完成；在顺利的情况下考虑到不利的因素，祸患就能预先排除。

在学校管理中也是如此。事情既有积极的一面，也有消极的一面。那么，如何分清有利和不利的方面呢？这就是我们做校长的要考虑的问题了。在日常管理过程中，我们要兼顾“利”和“害”，找到处理工作与事情的着力点，这样，我们就有可能将事务处理好。孟子曾经说过：“知人者智，自知者明。胜人者有力，自胜者强。”也就是说，能认识、了解别人的人是有智慧的，能认识、了解自己的人才算是聪明的；能战胜别人的人是有能力的，能克制自己的弱点的人才算是强者。这也告诉我们一个道理：在处理学校事务时，要分清轻重缓急，能够运筹帷幄，知道什么事自己该做，什么事自己能做。也就是说，“自知”“自胜”永远要比“知人”“胜人”更加重要。那么，我们在学校管理过程中如何才能做到运筹帷幄呢？

我们应该引导教师学习名师的课堂教学模式。随着新课改的推进，一些名师课堂教学模式像雨后春笋般涌现出来，受到了许多教师的欢迎，成为他们揣摩、仿效的范本。我也不例外，有时听了名师的课后好

长时间都在品味，并深深折服于名师创立的课堂教学模式，甚至恨不得将这些课堂教学模式复制到自己的课堂教学中。但是我平时运用名师的课堂教学模式后，总感觉课上得呆板、机械，没有那种行云流水般的感觉。那么，如何让教师学习名师的课堂教学模式，将课上好呢？经过观察与思考，我心中就有了一个“三步走”的计划。

第一步，学好名师教学模式的“形”。

这是青年教师学习名师教学模式的起步阶段，虽然是模仿，但是这种模仿课还是需要的。因为每一种名师教学模式都是创立者辛勤劳动的成果，是创立者经过无数次课堂教学总结出来的成果，对提高课堂教学效率会起到积极的作用。我们学习名师的课堂教学模式时，要熟记其环节及操作要点，以便在课堂上熟练运用。

第二步，学好名师教学模式的“神”。

这是青年教师学习名师教学模式的提高阶段。记得齐白石先生曾说过：“学我者生，似我者死。”这句话也同样适用于学习名师教学模式的教师。如果我们仅仅将目光盯在名师教学模式外在的“形”上，那么我们就永远也跳不出名师教学模式的限制，难以有所创造，这种限于表面的模仿甚至会变成东施效颦。按名师教学模式上课，除了要学它外在的“形”，还要透过外在的“形”学到内在的“神”，即学习执教者那追求卓越的教育观、厚积薄发的教学观、充满人文的学生观。

第三步，把名师教学模式的“形”与“神”融入自己的教学中。

我们要学习模式创立者是如何将“形”与“神”完美结合的，达到以“神”显“形”、以“形”促“神”的境界，最后把名师教学模式的“形”与“神”融入自己的教学中，这也是我们按名师教学模式上课的成熟阶段。我们不能机械照搬名师教学模式外在的课堂教学结构，对名师教学时演绎的那份精彩，我们应该有自己理性的思考，在博采众长的基础上，结合自身的个性特点，把名师教学模式的“形”与“神”融入自己的课堂之中，形成自己独特的教学风格。

《孙子兵法·谋攻》中说：“不知军之不可以进而谓之进，不知军之不可以退而谓之退，是谓縻军；不知三军之事，而同三军之政者，则军士惑矣；不知三军之权，而同三军之任，则军士疑矣。三军既惑且疑，则诸侯之难至矣。是谓乱军引胜。”说的就是不知晓军队不可以前进而强行命令它前进，不了解军队不可以退却而强行命令它后退，这是束缚军队的做法；不了解军队的事务而干涉军队的管理，将士就会感到迷惑；不懂得军事上的权宜之道而干预军队的指挥，将士就会产生疑虑。将士感到迷惑又心存疑虑，诸侯列国就会乘机进攻，灾难就会降临，这就叫作自乱军心和自取灭亡。所以我们在引导教师学习名师课堂教学模式的时候，一定要让他们知道自己的水平与潜能，自己能学习哪些名师的课堂教学模式，哪些名师的课堂教学模式不适合自己的教学风格。我们按名师教学模式上课，既要学习其外在的“形”，也要学习其内在的“神”，只有形神兼备，才能让我们的课堂更加精彩，才能让学生获得更丰富的知识。

管理心得

《史记·太史公自序》中有一句话：“运筹帷幄之中，制胜于无形，子房计谋其事，无知名，无勇功，图难于易，为大于细。”说的是张良每次谋划战略于军帐之中，却能无形中战胜敌人，他靠的不是名声和勇武，而是他处理难事总是在容易的时候着手，实现远大的目标总是从细微处着手。这说明张良心计多，善用脑，善用兵。后来人们就用“运筹帷幄”表示善于谋划用兵，指挥战争。我们在管理学校的时候，也要做到无论大事还是小事，都要认真对待，统筹各方面的力量，以达到自己的管理目的。

因势利导

——抓住契机，引导教师提升现代教育技术水平

《曾胡治兵语录》中说：“人才随风气为转移，居上位者，有转移风气之责，因势而利导，对病而下药，风气虽败劣，自有挽回之一日。”意思就是，将才（的思想）会随着社会风气的转移而变化，领导者有引导下属转变思想的责任，要学会因势利导，对照不同的病因下药，那么，虽然当时的环境不太好，但是我们总有挽回的一天。

“因势利导”即顺着事情发展的趋势，向有利于实现目的的方向加以引导。它出自于西汉司马迁《史记·孙子吴起列传》：“善战者，因其势而利导之。”战国时期，魏国进攻韩国，韩国向齐国求援。齐国便派田忌为将军，孙膑为军师，领兵攻魏。在战斗中，孙膑抓住敌人骄傲狂妄、轻视齐军的心理，向田忌献策。他认为，“善战者，因其势而利导之”，建议用逐日减灶的计策，伪装溃败逃跑，诱敌深入。田忌采纳了他的计谋。骄傲的魏军果然中计，大摇大摆地尾随齐军进入一个叫马陵的险要地带。这时，早已埋伏好的齐兵万弩齐发，一举歼灭了魏军。这便是历史上有名的“马陵之战”。孙膑抓住敌人的骄傲心理，诱敌上当，取得了战争的胜利。

将这个谋略运用到学校管理中，就是要求校长根据学校发展的现实情况、教师的心理诉求与课程改革的要求，引导教师不断成长。比如，随着新课改的不断深入，学校现代化教学设备的不断增加，教育理论与教育技术的不断完善，现代教育技术已经是教师们不可缺少的一门教学技术。我校的一些教师对于现代教育技术根本是“七窍通了六窍——一

窍不通”，可当他们看到别人用现代化教学设备在课堂上做直观演示时，心中又不免会产生学习使用现代化教学设备的念头，而且，这个念头会随着时间的推移越来越强烈。那么，我们做校长的就要充分利用这一学习契机，因势利导，引导他们学会使用现代化教学设备。

一、端正思想，挑战自我

虽然我们学校的一些教师有学习现代化教学技术的欲望，但是由于知识水平与年龄等方面的原因，他们担心自己学不来，想学却又不敢学。因此，纠正教师的思想，让他们学会挑战自己，就成为我引导他们学习现代教育技术的第一步。我在这方面主要做了这些工作：让教师明确为什么要学习现代教育技术，学习现代教育技术是为了什么，让每位教师都正确认识到现代教育技术在教育教学中的重要性；让教师明白以往的“教师讲，学生听与练”已经不能适应新课改的需要了，我们只有掌握现代教育技术，才能在新课改中立于不败之地；引导他们端正自己的学习态度，注重平时的学习与积累，不要认为现代教育技术高不可攀，要正确评价自己，相信自己的水平和能力；告诫教师要牢记“人家能学会的，我也一定能学会”，始终把自己看成一个有价值的人；要求教师进行必要的自我鼓励和自我欣赏，不可心灰意冷，更不可“破罐子破摔”。

二、组织培训，积淀理论

理论对实践有指导意义，新时代的中小学教师，必须在平时注重理论的积淀，加强教育技术理论的学习，厚积方能薄发。因此，我们平时加强对教师的教育技术培训，让全体教师都能有目的地学习、有计划地学习，积淀自己的教育技术理论，同时也要求教师调整好个人的心态，有计划地安排自己的工作和休息时间，做到有张有弛。

三、考核技能，促其发展

国家每年都会举办“全国中小学教师教育技术水平考试”，要求广大中小学教师参加培训及全国统一考试，目的就是想以此来促进教师学习教育技术，提高教师的教育教学水平。为了增强教师的教育教学能力，更好地帮助教师成长，我们学校经常组织教师参加教育技术培训，并定期进行相关考试，而且还将考试的结果与教师的职称评定挂钩，这样，就逼着教师转变思想，认真学习和思考，不断提升自己的教育教学能力。通过这样的培训和考试，我校教师的教育教学水平不断提高，教育教学能力得到了长足发展。

四、厚积薄发，学以致用

实践是检验真理的唯一标准，同样，实践也是检查自身理论和业务水平高低的好方法。假如我们学习了教育技术，却不去积极实践，那就只是纸上谈兵。“纸上得来终觉浅，绝知此事要躬行。”我们不仅要学习教育技术理论，还要学以致用，学用结合，边学边用。教师不但要学习现代教育技术理论，还应把现代教育技术运用到教育教学实践中，让这些知识真正地服务于教育教学活动，提高课堂教学效率。

通过运用一系列因势利导的策略，目前，我校所有教师都会制作Powerpoint课件，并能运用到日常教育教学过程当中，这对教师的课堂教学起到了很好的促进作用。

管理心得

“一花独放不是春，百花齐放春满园。”在学校管理过程中，管理者要学会因势利导，引导全体教师发展，在让他们学习现代教育技术时，应让所有教师都有收获、懂技术。用最小的投入生成最大的效益应该是我们校长在学校管理过程中永远的追求。

进德修业

——与时俱进，提升业务能力和道德水平

《黄石公三略》中说：“将能清，能静，能平，能整，能受谏，能听讼，能纳人，能采言，能知国俗，能图山川，能表险难，能制军权。”意思就是，将帅应能清廉，能沉静，能公平，能严肃，能接受劝谏，能明断是非，能容纳人才，能博采众议，能知道各国风俗，能描绘山川形势，能明险关要隘，能把握三军的形势。而要做到这些，就一定要进德修业。

“进德修业”就是指增进我们的道德水平，钻研学业。孔子说：“君子进德修业，忠信，所以进德也。修辞立其诚，所以居业也。”沈鲸在《双珠记·风鉴通神》中也谈到：“君子进德修业，欲及时也。”进德修业是个人成功的重要保障。

我们应当深刻地认识到，时代是不断向前发展的，过去的管理思想对于现在的学校管理来说，有些已经不适用了。因此，作为校长，我们要不断学习，完善自我。只有不断地完善自我，了解各个方面的知识，我们才能更好地进行学校管理。那么，我们如何才能做到进德修业呢？我认为应从以下几方面入手。

一、正确认识学校层次

我们归仁中心小学位于镇中心的一处弹丸之地，学校占地面积本来就比较小，而随着教育资源整合的需要，归仁镇的几所乡村小学都要撤

并，原来乡村小学的学生要到归仁中心小学来上学，学校现有的校园规模已经远远满足不了学生就读的需要。但是，想在归仁中心小学现有校址上扩大学校规模已经不可能了，因为学校周围都是居民区，没有空地。面对这样的现实，中心校领导班子成员分头找教育局谈规划，找镇政府要土地，在镇东边的一片近 70 亩的空地上新建了一所现代化的寄宿制学校，为全镇 2000 多名儿童提供了优美的学习环境。这件事让我认识到，能坚持进德修业的校长首先要对学校进行“微观”上的调查研究，要正确认识学校发展的层次，研究学校所处的环境，研究学校在区域性教育中的位置及学校的发展历史，尤其是要研究学校现在面临的问题和困难。发现学校存在的问题，就是发现了学校发展的空间。当校长在时代背景下关注学校的发展问题时，才能根据学校的实际情况，走出可持续发展的路子。人们往往容易高估自身实力，总是希望自己在多个方面都能取得辉煌的成就，要知道“尺有所短，寸有所长；物有所不足，智有所不明；数有所不逮，神有所不通”，任何一个学校，任何一个人，不管实力有多强，都会有其局限性。我们在管理学校时，首先要对自己的学校有准确的定位，正确认识自己学校的层次。

二、确立实际办学目标

刚建成的归仁中心小学新校区有学生近 2000 名，来自归仁镇的 18 个村。由于在家庭中没有受到良好的家庭教育，许多学生没有养成良好的学习与生活习惯。针对这样的现状，我们确定的第一个办学目标就是让学生养成良好的学习与生活习惯。我们在学校大门旁醒目的地方写上“良好的习惯是通向成功的桥梁”标语，让每一位学生走进校园就能看到这几个字，同时，我们还提出了“三风”建设。我们把这一系列规范编入《学校管理手册》，让所有学生在“名言”与“三风”的引领下改变以前的坏习惯。经过一学期的努力，全校学生的精神面貌焕然一新。紧接着，我们根据学校的实际情况，向教育局申请创办田径特色学校。目前，各项工作都开展得有条不紊。短短的一年时间里，我们学校多名学生在县田径大赛上打破纪录。学生的出色表现也促进了学校的教育教学工作，使学校各项工作的成绩现在均排在全县前三名。

俗话说得好："越快的车越危险。"发展越快，学校风险越大。学校一旦发展起来，校长就像被绑上了战车，只能前进，想停下来也不可能了。成功的校长要对学校进行宏观上的调查研究，用心观察自己的学校，研究学校存在的主要问题和潜在的发展可能性，明确本校的发展目标；在办学理念指导下，制订学校的办学目标，不仅要知道今天该做什么，更要知道明天该做什么；了解外界对学校的要求，包括国家对基础教育的要求和社会对人才培养的需要，了解学校内部可持续发展的条件，制订能鼓舞全体教师士气、被大家认同并能让大家为之共同奋斗的办学目标。只有这样，校长才能正确地制订学校发展规划，才能让学生有特长，让教师有个性，让学校有特色，做到"以特取胜"。

三、时刻想着教师

著名教育家陶行知曾多次指出，一名卓越的校长必须跟教师保持良好的合作。随着社会的不断发展，学校之间的竞争也变得越来越激烈，如果学校领导者具有危机感，教师也会有危机感。特别是在实行校长负责制后，我们常听人说"今天工作不努力，明天努力找工作"，这就是危机感的一种体现形式。危机感强的教师会怀着感恩的心加倍珍惜自己从事的工作，因为他们知道如果不珍惜工作，不时刻保持危机感，等各种因素变化到一定程度时，就会面临被学校淘汰的危险。教师在产生危机感的同时，心理压力会越来越大，心理健康问题也会慢慢凸显出来。作为学校的管理者，校长要设身处地为教师考虑，站在教师的立场上想问题；在管理的时候，要心中装着教师，走进教师的心中，了解他们的物质与精神需求，尽量满足他们的合理需求；积极为他们的学习、进修、培训与生活提供便利，让他们有安全感。另外，校长还要赏识、信任、尊重和关爱每一位教职工，要用一颗炽热的爱心，激发全体教职工奋发向上的情感。爱心，是一位成功校长赢得人心的关键所在，是一位校长取得事业成功的"奠基石"，只有我们校长心中时刻有教师，才能让教师用百倍的努力来回报学校。

四、深深爱着所有学生

教育是一种培养人的社会活动，而人的成长需要爱，没有爱就没有教育。记得有人说过："一名好校长，首先必须是一个好人，心中要充满爱。"一名成功的校长，首先应当有一颗纯真的"博爱"之心：爱与自己携手奋斗的教师，爱与自己朝夕相处的学生。有个别校长一见学生"乱"就动怒，总以为自己是学校的管理者，管的、做的应该是些"大事"，学生的事与自己无关。于是，有人做了一辈子校长，从未和一个学生谈过心，从未走进过学生的世界。我觉得这样的校长算不上是一名成功的校长。成功的校长会关爱学校的每一个学生，无论这个学生多么让人"讨厌"，我们都要用一颗爱心来照亮其成长的道路。我们应该深深地爱着学生，激发学生自我教育的动力，推动学生朝着培养目标指引的方向努力拼搏。学生成功了，我们校长才能算是成功的。

五、注重自己能力的提升

有德没有才的校长也不能算一名优秀校长。很多教师认为，校长一定要是某一学科或专业的精英人物。不懂学科知识的校长一定不是一位优秀校长，精通一门学科知识并对所有学科略知一二是成功校长的前提。人无完人，任何人都有自己的缺陷。也许我们在某个行业非常有经验，也许我们已经具备了丰富的技能，但是面对新的课改、新的课程、新的环境，我们没有任何特别之处。因此，我们需要保持空杯心态，重新整理自己的思路，去吸收正确的、优秀的东西。只要是正确的、合理的，我们就必须去领悟，去感受，把自己融入学校，融入团队，否则，我们永远是学校发展的局外人。

美国《幸福》杂志有一期的封面语为"要么学习，要么死亡"。这说明置身于知识经济时代，要生存下去，就要不断学习，学习是生存与发展的有力保证。所以一位优秀的校长应该保持多读书的习惯，用书滋润自己、荡涤自己。读书是一个启迪智慧、训练思想、提升道德的过程。如果我们校长拒绝读书，拒绝接受新东西，墨守成规，安于现状，最终必将被淘汰出局。因此，爱读书是成功校长必备的素质，同时也是时代的呼唤。

六、学会容人之过，容人之能

“海纳百川，有容乃大。”海之所以浩瀚无边，是因为它容纳了百川。作为教师群体的组织者、管理者与领导者的校长，要想打造一个精诚团结、奋发向上的团队，成为一名成功的校长，就需要有“海纳百川”的气魄。

人都会犯错误，谁都不可能避免犯错。法国一家汽车制造公司的老板，在面试众多应聘者时只问了同一个问题：“在以往的工作中你犯过多少次错误？在获悉大多数应聘者都没有犯过错时，他把这项工作交给了一个犯过多次错误的“倒霉蛋”，理由是——“我不要20年都没有犯过错误的人。我需要的人才，是犯过无数次错误，但每次都能及时吸取教训、立即改正的人。”

这种怪事并非法国独有，美国企业也很注重职员在过去的工作中犯错误的经历，不但优先录用那些有过犯错经历的新人，而且还经常鼓励职员在工作中犯错误。一些公司，如荷兰皇家飞利浦电子公司、德国西门子公司等都在员工中极力提倡敢于失败的创业精神。还有一些企业，提出了更为决绝的用人原则：如果经营管理人员在一年内不犯“合理的错误”，将要卷铺盖走人。

并非这些国外企业家黑白不分、是非不辨，而是因为，在他们看来只有无所事事才不会犯错误。反过来说，只有勤奋做事才有可能犯错误，犯错误并不要紧，重要的是知错能改，及时总结经验。我觉得，这些观点同“人非圣贤，孰能无过”这一中国古训一样。试想，如果身处一家容不得员工犯错误或失败的企业，那么，大家干脆齐心合力只管做循规蹈矩、唯唯诺诺的“机器人”好了，谁还肯冒着风险去开拓创新、积极进取？因此，当学校的教师犯了错误，我们校长首先应了解情况，然后才能作出决定。在处理的过程中，校长不要过分关注教师的错误，因为这样会大大挫伤教师的积极性和创造性，甚至会使教师产生对抗情绪。优秀的校长会用宽容代替惩罚，因为宽容比惩罚更美丽。以宽容之心待他人之过的校长，一定是最受教师欢迎的校长。我们可以把“犯错误”看成是“获得成功”的成本，是合理和必要的，但这个成本最好少一些。这并不是说我们应该缩手缩脚，而是说我们应该善于从错误中学习。爱迪生就是经过上万次的“错误”，才发现了制造电灯的正确方法。

我们从小就受到这样的教育：“要乖乖地听话，千万不可犯错误。”“一旦失败，不仅将受重罚，而且别人从此对你再无好印象。”今天回想起来，这种教育模式除了有助于“乖宝宝”的培养，同时也让我们不切实际地渴望成为“完人”，另无其他作用。

在这样的文化氛围中，有过失就变成一件丢脸的事，失败导致的风险也很大。因为失败一次，哪怕造成的损失很小，也会让我们失去名誉和信任。或许我有点言过其实，但有一点大家不得不承认，那就是办事成功率高的员工，往往更容易得到管理人员的赏识；而那些有失败记录的员工，多少会使管理者产生一些偏见。

于是，我们也就不难理解许多曾经干劲十足的青年，何以渐渐变成圆滑世故的职场老人，无数原本一身活力的新人，何以慢慢成为创新思想最坚定的反对者了。由此，我们可以想象在中国的广大学校里，哪种类型的教职工数量最多，当然是安于现状、按部就班、谨小慎微、循规蹈矩的人。他们信奉“不求有功，但求无过”的职场生存法则；他们没犯过什么错误，也没什么功绩；他们对一切都照抄照搬，不愿寻求创新……而缺乏创新思想对于发展中的学校来说，那可是致命的弱点。

人在做了错误的事情后常常心情不好，实际上这就是在提醒自己进行“反省”。但大多时候我们不会想到是自己出了问题，而是把原因归咎于环境和他人，从而错过了使自己进步的最好机会。学校教职工在工作过程中由于经验、能力、环境等因素犯错误是常见的，我认为一个主动承认错误的教职工至少是勇敢的，因为其有勇气面对和改正错误。从心理学的角度分析，人在做错事或遇到外界刺激时，首先会进行自我保护，同时产生负罪感和压力，如果主动认错，不仅可以获得别人的谅解和帮助，还能缓解自身压力。

在我们学会容人之错的同时，还要学会容人之能。我们学校的陈老师曾经是我的学生，当他被分配到我们学校的时候，他就主动找到我，请我做他教学上的老师。在以后的日子里，我在教学上经常给予他帮助，让他迅速成长为学校的教学骨干。在一次学校赛课活动中，他的课堂教学无论是环节设计还是效果都比我的好，所以当时就有几位同事调侃我："现在徒弟已经超过师傅了，你感觉到脸上有光吗?"我说："青出于蓝而胜于蓝，如果他超不过我，那说明我是失败的。"

我认为校长是教师群体的领路人，但不是学校工作的顶梁柱，真正起中流砥柱作用的是学校的教师。作为校长，我们不能怕他们在业务上、成绩上超过自己。校长的成功在于努力创造条件让学校的每一位教师成功，并培养出值得学校骄傲的名师。成功的校长不怕教师抢自己的"风头"，相反，他们会鼓励每个教师去追求卓越，让教师的积极性、主动性和创造性最大限度地发挥出来。

管理心得

"大将以救大局为主，并以救他人为主。须有嘉善而矜不能之气度，乃可包容一切，觉得胜仗无可骄人，败仗无可尤人。"我们校长只有做到以上六点，才能真正做到"进德修业"。

后　记

时光如影，岁月如梭。屈指算来，我教书育人已有近二十个年头。从一名普通教师到管理一所学校的校长，一路走来，我心中的甘苦也只有自己知晓。我经常对学校管理过程中的点点滴滴进行思考，于是心中便有了把这些思考整理成书的想法。

酝酿一年多的《校长兵法：学校管理四十六计》一书终于出版了。在过去的无数个深夜，我总是在回忆并思考以往的管理案例，在电脑前慢慢地敲着键盘，抒写着自己心中的管理感悟。

这本书就像我的孩子一样，倾注了我的汗水和心血。它不仅是我对多年学校管理经验的一个小结，也是提升我管理水平的一个起点。在各位关心和鼓励我的领导、同事和朋友的支持下，现在这本书就要面世了，我的内心无比激动。由于水平有限，书中难免存在不足和缺憾，恳请读者见谅，并欢迎大家提出宝贵的意见和建议。

在本书付梓之际，我还有好多话想说，但最想说的，还是感谢。

感谢工作的学校，为我的书稿提供了宽广的舞台。

感谢最亲的家人，为我的成稿提供了坚强的后盾。

感谢同校的教师，为我的管理提供了无私的支持。

感谢所有的读者，为我的书稿提供了实践的沃土。

皮大鹏